W0034349

Dieter Grau

Stallupöner Geschichten

Geschichten und Bilder aus dem Land
zwischen Trakehnen und Rominten

Husum

Umschlagbild: Hans Peter Feddersen, Blockhaus in Masuren, 1874
(Abdruck mit freundlicher Erlaubnis der Kunsthalle zu Kiel)

CIP-Titelaufnahme der Deutschen Bibliothek

Grau, Dieter:
Stallupöner Geschichten : Geschichten und Bilder aus dem
Land zwischen Trakehnen und Rominten / Dieter Grau. –
Husum : Husum Druck- u. Verlagsges., 1990.
  (Husum-Taschenbuch)
  ISBN 3-88042-477-2
NE: Grau, Dieter: [Sammlung]

© 1990 by Husum Druck- und Verlagsgesellschaft mbH u. Co. KG,
  Husum
Satz: Fotosatz Husum GmbH
Druck und Verarbeitung: Husum Druck- und Verlagsgesellschaft
Postfach 1480, D-2250 Husum
ISBN 3-88042-477-2

Karger Lohn

Die erste der Stallupöner Geschichten

Mein Urgroßvater, der, wie man vielleicht nicht weiß, auf
den klangvollen Namen Traugott Matthias Martin hörte
und in dem nicht weniger poetisch klingenden ostpreußischen Ort Laukupönen — Post Pillupönen, Kreis Stallupönen — geboren wurde, galt, als er zum Manne gereift
war, in seiner Heimat als Bahnbrecher völkerübergreifen-
der Verständigung, denn er hatte, selbst aus einer rein nassauischen Siedlung zwischen Trakehnen und der Rominter Heide stammend, eine jener jungen protestantischen
Salzburgerinnen zur Frau genommen, deren Vorväter als
Opfer kleinlicher Religionsstreitigkeiten den Weg aus einem Alpenland quer durch Bayern, Sachsen und Branden-
burg-Preußen bis in die einstige Wildnis Natangens und
Nadrauens gehen mußten. Länger als ein Jahrhundert hatte es bei diesen Salzburgern als unziemlich, ja wohl gar als
gotteslästerlich gegolten, eine eheliche Verbindung mit einem Nichtsalzburger einzugehen, mochte er noch so pro-
testantisch gesinnt sein, wie Luther das wollte (oder auch
nicht gewollt hatte). Und was für die Salzburger galt, muß
wohl in gleichem Maße für die Nassauer gegolten haben;
jedenfalls wußte kein Kirchenregister von einer Ehe zwischen Angehörigen beider Volksgruppen, also von einer
Mischehe zu berichten, bis mein Urgroßvater Martin seine
Elisabeth Obereigner vor den Altar führte.
  Zwar munkelte man damals, ihn habe weniger ein kühn
vorausschauender Geist als vielmehr Gott Amor in Gestalt einer sich früher als geplant einstellenden Liebes- und
Leibesfrucht zu diesem außergewöhnlichen Schritt veran-
laßt, jedoch halte ich das für üble Nachrede von Leuten,
die ihm staatsmännischen Weitblick absprechen wollten
und ihm die Rolle des Protagonisten in der salzburgisch-
nassauischen Verbrüderung mißgönnten.
  Die Ehe auf dem Bauernhof wurde — da es an weltli-
chen Verführungen wie Kino, Fernsehen und ähnlichem

modernen Schnickschnack fehlte — durchaus glücklich, wiewohl sich meine Urgroßmutter, besagte Elisabeth geb. Obereigner, trotz des reichen Kindersegens, der sich traditionsgemäß einstellte, zuweilen über zu wenig Abwechslung und Mangel an Diskussionsbereitschaft seitens meines Urgroßvaters Martin beklagt haben soll. Er zog es vor, zu vielem einfach nein, ja oder amen zu sagen und statt langer Gespräche — weil sie den Keim eines Streites, den er nicht mochte, enthalten konnten — sich im Stillen seinen Gedanken hinzugeben.

Solches pflegte er vor allem im Spätherbst zu tun, wenn die litauischen Saisonarbeiter die Höfe verlassen hatten und für den Winter in ihre heimatlichen Gefilde jenseits der nahen Grenze zurückgekehrt waren. Dann stand er stundenlang, in einen alten, wärmenden Pelz gehüllt, auf einen derben Stock gestützt, assistiert von zwei Hunden, inmitten seiner Schafe auf einer Wiese seines für damalige Verhältnisse durchaus stattlichen Anwesens und dachte über Gott, die Welt und die Rübenernte nach. Da man ihn und seine Art kannte, wäre es kaum einem aus seiner Umgebung eingefallen, ihm, dem Herrn des Hofes, seine Schäferleidenschaft als einen Hang zu niederen Diensten zu verübeln. Er jedenfalls sah in dieser Tätigkeit eine willkommene Gelegenheit, ungestört den Zeitläuften nachzugrübeln.

Nun begab es sich eines kühlen Herbsttages, während er wieder einmal als dörflicher Philosoph inmitten seiner Herde stand und seine Meditationen allenfalls durch kurzes Blöken oder Bellen unterbrochen wurden, daß der neue Superintendent der Kreisstadt auf einer Inspektionsfahrt in die Nähe des grünen Hügels geriet, auf dem mein Urgroßvater Martin mit seiner blökenden Schar Posten bezogen hatte. Er wurde des bärtigen, in derbes Zeug verpackten Mannes ansichtig und ließ den Kutscher halten, da er den Kontakt mit der Bevölkerung dieses menschenarmen Landstriches suchte, um sich über deren Wohl und Wehe und auch deren christliche Moral ein Bild zu machen, denn — so muß man wissen — sein geistliches

Amt gab ihm in der damaligen Zeit das Recht, ja die Pflicht, nicht nur in der Kirche, sondern auch öffentlich Mißstände anzuprangern.

Wohlwollen und den Geruch von Tabak verströmend — den mein Urgroßvater gar nicht mochte —, stiefelte er durch den weichen Boden auf den pastoralen Diogenes zu, grüßte ihn huldvoll und versuchte, ihn in ein Gespräch zu verwickeln: „Guter Mann, gehört Ihr zu dem Hof dort drüben?" — „Aber jadoch." — „Wie lebt es sich denn mit den Wirtsleuten?" — „Es geht" — das war alles, was er dem passionierten Schweiger entlockte. „Erhaltet Ihr immer genug zu essen?" — „I ja doch" — und wieder Schweigen. „Wie steht es denn mit der Entlohnung?" Die lapidare Antwort war: „Nuscht nich", was ins Hochdeutsch übersetzt „gar nichts" bedeutet. „Was, Ihr bekommt für Eueren Dienst hier draußen in der Kälte nichts?" — Angesichts dieses Ausbundes an Geschwätzigkeit muß meinem Urgroßvater die Galle übergelaufen sein, denn er holte zu einer längeren Antwort aus, und was der geistliche Herr zu hören bekam, war dieses: „Doch, hin und wieder läßt mich die Wirtin mit ihr schlafen!"

Hochroten Kopfes soll der Superintendent sofort seine Fahrt fortgesetzt haben, um sich beim Bezirksbürgermeister über die Unmoral jenes Kirchspiels zu beklagen. Meinem Urgroßvater Martin aber trug jene Begebenheit zusätzlich zu dem Nimbus eines Wegbereiters der Völkerverständigung noch den Ruf eines Spaßvogels ein. So jedenfalls berichtet man seit hundertzwanzig Jahren in unserer Familie.

Dienst am Kunden

Die zweite der Stallupöner Geschichten

Mein Großvater mütterlicherseits kam — wie er behauptete — aus einer Hugenottenfamilie und hätte demnach einen Teil seiner Wurzeln im fernen Frankreich suchen können. Er nannte sich gern „Labé", mußte sich aber laut Taufschein Labeth schreiben, was in der Verwandtschaft Anlaß zu der Vermutung gab, der Name habe wohl früher auf „itis" geendet und sei litauischen Ursprungs. Meinen Großvater focht eine solche mögliche Variante seiner Herkunft nicht sonderlich an; hieß es doch, es habe einen litauischen Fürsten Labetitis gegeben, der sieben Zacken in seiner Krone trug ...

Ob nun Hugenotte oder Abkömmling eines Litauerfürsten: Sein Aussehen wich so sehr von den mitteldeutschen Breitgesichtern und Salzburgerschädeln unserer Gegend ab, daß man ihm eine solche Extravaganz der Herkunft wohl glauben mochte. Seine Hakennase und das — zumindest in seiner Jugendzeit — schwarze, kurzgelockte Haar hätte jedem Südfranzosen zur Ehre gereicht. Dazu trug er ein „Menjoubärtchen", womit er offensichtlich der von ihm bevorzugten Abstammungstheorie Beweiskraft verleihen wollte. Auch in seinem beruflichen Werdegang unterschied er sich früh von dem seiner bäuerlichen Altersgenossen. Nach der Militärdienstzeit bei den Gumbinner Grenadieren betrat er Neuland in Gestalt der damals noch recht jungfräulichen ostdeutschen Eisenbahn. Das feurige Gefährt faszinierte ihn so, daß er ihm ein Leben lang treu blieb und selbst fast zu einer Institution auf der Bahnstrecke von Tilsit bis Goldap wurde. Es gab kaum einen Anwohner jener grenznahen Linie, mit dem ihn wenn schon nicht eine freundschaftliche Beziehung, so doch ein Grußverhältnis verband. Mancher Viehhändler, mancher Kaufmann baute auf seine Zuverlässigkeit, wenn es galt, Rinder oder verderbliche Ware schnell und exakt zu ihrem Bestimmungsort zu dirigieren. Und was den Güterzügen recht war, hatte den Personenzügen billig zu sein. Sorgfältig achtete mein Großvater auf Pünktlichkeit. So waren Trillerpfeife und die Uhr mit Sekundenzeiger Attribute, ohne die man ihn sich kaum vorstellen konnte.

Zu seinen Kunden auf der Eisenbahn gehörte auch Oma Kubilun, eine ältere, etwas beleibte und dadurch kurzatmige Bäuerin, die einmal in der Woche zur Stadt fuhr, um dort einen Korb voll Eier oder ein paar geräucherte Würste an einem Marktstand abzuliefern und für den Erlös allerlei Nützliches im Kurzwarenladen zu erstehen. Ihr Hof lag in der Nähe einer kleinen Bahnstation, und so pflegte sie den Weg dorthin zu Fuß zu machen, wobei sie sich erst aus dem Hoftor begab, wenn sie das Pfeifen der Lokomotive im drei Kilometer entfernten Pillupönen hörte.

Eines Tages jedoch geschah es, daß sie sich nicht rechtzeitig vom heimischen Herd lösen konnte und so mit Verspätung die Chaussee entlanghastete, die den Schienenstrang ein kurzes Stück vor dem Bahnhof kreuzte. Entsetzt bemerkte sie, daß der Zug schon bedrohlich nahe war und sie große Mühe haben würde, den rettenden Port

noch rechtzeitig zu erreichen. In ihrer Not fuchtelte sie
wild mit dem geschlossenen Regenschirm in der Luft herum und rief aus Leibeskräften „Warten! Warten!" hinter
dem zum Haltepunkt rollenden Zug her. Mein Großvater,
dem diese Szene nicht entgangen war, geriet dadurch allerdings in einen tragischen Konflikt. Sollte er den Zug wirk-
lich warten lassen und damit riskieren, daß mancher Rei-
sende seinen Anschlußzug in Tollmingkehmen verpaßte?
Sollte er eine langjährige treue Kundin bis ins Mark krän-
ken? Beides war undenkbar und hätte unabsehbare Folgen
gehabt. Kurz entschlossen gab er, als der Zug wieder ab-
fahrbereit war, dem Lokführer ein Zeichen, statt weiter
vorwärts zu fahren, diesmal langsam zurückzusetzen.
Und so rollte ein Zug der Deutschen Reichsbahn im Jahre

1932 ein beachtliches Stück in die falsche Richtung, um einer außer Puste geratenen alten Bäuerin entgegenzukommen. Als der Packwagen meines Großvaters, der gewöhnlich hinten war, nun aber die Spitze des Zuges bildete, in die Höhe von Oma Kubilun geraten war, streckte sich ihr ein starker Arm entgegen und zog sie an einer Hand mit Schwung durch die weit geöffnete Schiebetür in das Innere des Wagens, wo sie auf einem Berg Postsäcke landete, während mein Großvater mit weit ausladender Geste dem Lokomotivführer bedeutete, er könne nun wieder in die richtige Richtung fahren.

Es ist nichts darüber bekannt, ob der Vorfall jemals der Königsberger Eisenbahndirektion zu Ohren kam. Berichtet wird jedoch, daß Oma Kubilun, nachdem sie sich wieder von ihren Strapazen erholt und von den Postsäcken erhoben hatte, meinen Großvater herzlich abküßte.

Marusch

Die dritte der Stallupöner Geschichten

Denke ich an meine Großmutter Marusch, so steht eine kleine, schmale Frau mit scharfen Gesichtszügen vor mir, die eine dicke Zigarre raucht und den Tabakqualm gegen ihre geliebten Kakteen bläst, um so die Blattläuse zu vertreiben ...

„Marie, Mara, Maruschkaka ..." trällerte man bei uns den Refrain eines Gassenhauers, und das war wohl der Grund, warum alle Welt meine Großmutter Marie nur Marusch nannte, wobei man natürlich nach ostdeutscher Manier die letzte Silbe betonte.

Marusch herrschte mit absoluter Machtvollkommenheit über ihr kleines Reich, ein Zweifamilienhaus am Neuen Markt, und ließ sich von niemandem in ihren Entscheidungen beeinflussen, auch nicht von meinem Großvater

Otto, den sie an der kurzen Leine, wenn nicht gar unter dem Pantoffel hielt. Da er sehr früh am Morgen zum Dienst bei seiner geliebten Eisenbahn ging und erst spät am Nachmittag, ja oft erst in der Nacht heimkam, hatte Marusch zwangsläufig die Verfügungsgewalt über alle wichtigen Angelegenheiten, angefangen bei der Haushaltskasse bis hin zum Sparbuch, dessen Einlagen sie durch Vermietung von drei Mansardenzimmern an „möblierte Herren" ständig zu vergrößern trachtete. Der gute Ruf der Familie ging ihr über alles, und eine Schädigung ihrer Reputation wäre einer Katastrophe gleichgekommen. Das wußte mein Großvater nur zu gut, und er bemühte sich, nirgends anzuecken, um nur ja zu verhindern, daß der Haussegen schief hing.

Einmal allerdings entging er nur knapp einem solchen Verhängnis. Er hatte an einem Feiertag einen Zug zu betreuen, an den ein Sonderwagen mit Angehörigen der KPD angekoppelt war, die einen Ausflug nach Obereißeln unternahmen. Der Tag war heiß, das Wetter machte durstig, und so hatte mein Großvater wohl mehr Bier konsumiert, als es seine Gewohnheit war. Jedenfalls befand er sich bei der Rückfahrt in einer so aufgeräumten Stimmung, daß er angesichts der die „Internationale" schmetternden Genossen — die er noch vor Hitler und dem Papst in die Hölle wünschte — provozierende Aussprüche tat, was natürlich die linken Sangesbrüder auf die Barrikaden trieb. Um sich ihrer zu entledigen, tat mein Großvater etwas, was ihm eine schwere Rüge eintrug: Er koppelte den unliebsamen Wagen samt Inhalt vom übrigen Zug ab und überließ ihn seinem Schicksal und der hereinbrechenden Nacht.

Es kam, wie es kommen mußte: Rapport bei der oberen Dienstbehörde, Verhör, Androhung der Strafversetzung. Das alles konnte er zwar vor Marusch verbergen, weil es nicht veröffentlicht wurde, aber es drohte das Schlimmste in Gestalt einer Forderung der geschädigten Partei. Im „Stallupöner Grenzboten" sollte er eine Erklärung drucken lassen, aus der hervorging, daß er die den Kommunisten zugefügte Beleidigung und geringschätzige Behandlung zutiefst bedauere und sich für alles Vorgefallene entschuldige. Da Marusch jeden Morgen die Zeitung ausgiebig studierte, wäre ihrem sicheren Blick ein solches Inserat nicht entgangen, und das „häusliche Schicksal" meines Großvaters wäre damit besiegelt gewesen.

Der Weg zur Zeitungsdruckerei muß ihm wie ein Gang nach Canossa vorgekommen sein, aber als der Himmel bleischwer über ihm lastete und das Unvermeidbare schon Wahrheit zu werden drohte, wendete sich das Blatt, denn der Zufall wollte es, daß ihm der Druckereibesitzer über den Weg lief, dem er gelegentlich mit unbürokratischen Bahntransporten aus der Patsche hatte helfen können. Nach wenigen Worten hatte jener die Situation erfaßt, zwinkerte meinem Großvater zu und verschwand mit dem aufgesetzten Text in seinen Arbeitsräumen.

Am nächsten Tag fand sich die Entschuldigung meines Großvaters im „Grenzboten", und sie wurde auch von Marusch bemerkt, jedoch konnte sie nicht erkennen, wer sich da entschuldigte, denn irgendwie schien die Druckmaschine an der betreffenden Stelle – zumindest in ihrer Zeitung und in den Exemplaren um den Neuen Markt herum – zu viel Druckerschwärze abgesondert zu haben, so daß der Name nur aus einer Anhäufung schwarzverlaufener Buchstaben bestand. So ahnte Marusch nicht, was die übrige Stadt wußte, und das große Strafgericht blieb meinem Großvater erspart.

Zwar ließ es sich in der Kleinstadt Stallupönen nicht vermeiden, daß Marusch eines Tages doch von dem Streich meines Großvaters erfuhr, aber da verspätete Strafaktionen nicht zu ihrem Stil paßten, blieb der Haussegen in der Horizontale.

Die Sache hatte allerdings einige Jahre später noch ein Nachspiel. Als die politische Landschaft sich gewandelt hatte, legte man meinem Großvater die Schnapsidee als „mutige, vaterländische Tat" aus und beförderte ihn sogar im Amt, was Marusch mit der Bemerkung quittiert haben soll: „Den Dussligen gibt es der Herr im Rausch!"

Wallensteins Tod

Die vierte der Stallupöner Geschichten

Das kulturelle Leben unserer Kleinstadt nahm sich — gemessen an den größeren Städten unserer Provinz — am Anfang der dreißiger Jahre zwar noch bescheiden aus, enthielt aber den Keim zu einer Entwicklung, die Prosperität hätte erwarten lassen können, wenn ihm nicht von einer törichten Weltgeschichte der Lebensnerv jäh durchschnitten worden wäre. Immerhin nannte die Stadt damals einen Männergesangverein, einen gemischten Kirchenchor und ein Kino ihr eigen, auf dessen Leinwand Willy Fritsch mit Lilian Harvey in Großformat agierte und Zarah Leander den staunenden Stallupönern mit männlich-rauchiger Stimme verkündete, daß einmal ein Wunder geschehen werde. Rechnet man die Drei- bis fünf-Mann-Kapelle des Herrn Lüdeke sowie jene Aktivitäten hinzu, die eine Schar von Aquarellmalern unter Anleitung des stadtbekannten und allseits beliebten Zeichenlehrers Ludwig Brunat entfaltete, so ergab das schon eine sehenswerte Kulturpalette, in der eigentlich nur das Theater zu kurz kam, sieht man einmal von den mit Leidenschaft, aber doch eher geringem künstlerischen Rang alljährlich vorgetragenen theatralischen Versuchen des Mädchenlyzeums ab.

Das änderte sich schlagartig, als ein zur Vorbereitung einer städtischen Jubilarfeier eingerichtetes Festkomitee beschloß, den zu begehenden Anlaß mit einer Theateraufführung zu krönen, die — bei schönem Wetter auf dem Alten Markt, bei schlechtem im Hotel Cabalzar — den Durchbruch der Stadt zur großen Kunst einleiten (und einläuten) sollte. Nach langem Hin und Her entschieden sich die honorigen Mitglieder auf dringenden Rat eines Mannes vom Fach, den man in Königsberg befragt hatte, für „Wallensteins Lager", weil dieses Schillerstück — und ein großer Klassiker sollte es denn doch schon sein — am ehesten von Laienspielern auf die Bretter bzw. auf das

14

Pflaster des Marktes gebracht werden konnte. Vier Monate lang probte die Stallupöner Theatergruppe, die sich aus den verschiedensten Berufen rekrutierte, intensiv unter der Regie eines Gymnasiallehrers, werkelten geschickte Hausfrauenhände an Pluderhosen sowie Schärpen und formten breitkrempige Damenhüte in Kopfbedeckungen von Buttlerschen Dragonern und Tiefenbachschen Arkebusieren um. Als dann der mit Spannung und Lampenfieber erwartete Tag anbrach, auf den man sich mit Geduld und Vehemenz vorbereitet hatte, war ein großer Teil der Stadtbevölkerung schon früh auf den Beinen; galt es doch, die Mitbewohner und jene Leute vom Lande, die sich das große Ereignis nicht entgehen lassen wollten, auf ihre Kosten kommen zu lassen. Die Schauspieler legten letzte Hand an die Kostüme und memorierten ihre Texte, die Komparsen wiederholten einstudierte Posen, und das „technische Personal" bereitete eine Ecke des Alten Marktes als Spielort vor, denn der Wetterbericht versprach einen milden, regenlosen Sommerabend, was ein Spielen im Freien erlaubte.

Aber selbst die nicht unmittelbar Beteiligten hatte der Tag früher als gewöhnlich in erhöhte Aktivität versetzt. Manch einer überlegte sich schon am Morgen, was er für den Gang zum Alten Markt anziehen solle, denn es hatte sich bis nach Stallupönen herumgesprochen, daß eine Theateraufführung ein gesellschaftliches Ereignis sei, zu dem man nicht in abgestoßenen Manchesterhosen oder gar in Holzschlorren erscheinen konnte.

Auch unsere Nachbarin Emma Baltruschat blieb von dem umsichgreifenden Bekleidungsfieber nicht verschont. Vor dem großen Wohnzimmerspiegel rang sie schon lange vor Mittag mit sich und der Frage, ob sie zu ihrem neuen Frühjahrshut das geblümte Kostüm tragen oder einem zur Silberhochzeit erstandenen Samtkleid den Vorzug geben sollte. Schließlich überließ sie ihrem Mann Karl, einem bewährten Kohlenfahrer, die schwierige Entscheidung, und dieser riet kurz und bündig zum Kostüm, da es ihm völlig gleichgültig war, wie Emma auf dem

Markt aussehen würde; hoffte er doch insgeheim, den Abend in seiner Stammkneipe an der Schirwindter Straße verbringen zu können. Allein hierin täuschte er sich erheblich, denn seine Frau bestand auf seiner Begleitung. Da nützte ihm auch der Hinweis nichts, Theater sei ihm völlig fremd und er verstehe nichts von Wallenstein, von dem die halbe Stadt redete. Emma wollte sich nicht vor der Nachbarschaft die Blöße geben, mit einem Banausen verheiratet zu sein, und um seine Unbedarftheit in Sachen Kunst und Geschichte nicht offenbar werden zu lassen, instruierte sie ihn kurz vor dem Gang zum festlichen Marktplatz über das, was sie von Wallenstein wußte: Das sei doch der abtrünnige Feldherr, den seine eigenen Leute ermordet hätten, und das Ganze spiele im dreißigjährigen oder siebenjährigen Krieg. So ganz genau wußte sie es auch nicht.

Als Karl im Gefolge der ihm Angetrauten — immer noch gegen sein Schicksal anbrummend — auf dem Alten Markt eintraf, hatte sich der Raum vor dem Bühnenplatz schon mit Leuten gefüllt. Für die älteren Bürger waren Bänke und Stühle bereitgestellt. Alles andere verfolgte das Ereignis stehend oder an Bäume und Laternen gelehnt. Einige Jugendliche hatten gar auf der Litfaßsäule Platz genommen und blickten aus luftiger Höhe, mit den Beinen baumelnd, auf die bunte Soldatenwelt, die da allmählich ihre rasselnde Pracht entfaltete. Auch Karl wurde trotz seines anfänglichen Widerstrebens nach und nach gespannt auf das, was da vor seinen Augen abrollte. Eine Marketenderin scharwenzelte um die Mannsleut herum, ein beleibter Mönch schimpfte in einem Kauderwelsch auf die Soldaten, und besonders wichtig tat sich ein pausbackiger Mensch in bunter Uniform, den Karl für den Feldherrn Wallenstein hielt, der aber in Wirklichkeit nur einen terzkyschen Wachtmeister darzustellen hatte. So folgte Szene auf Szene, das Spiel zog die Zuschauer mehr und mehr in seinen Bann, und als das Lied „Wohl auf, Kameraden, aufs Pferd, aufs Pferd" als Höhepunkt und Abschluß zugleich erklang, riß es selbst die Alten von den Bänken, und minutenlanger, stürmischer Beifall dankte den Ak-

teuren. Dann begann sich der Schauplatz allmählich wieder zu leeren.

Auch Karl hatte den Rückweg angetreten, aber im Gegensatz zu vielen seiner Begleiter, die noch begeistert auf dem Heimweg das Ereignis bekakelten, schwieg er beharrlich. Emma hatte schon beim Schlußgesang bemerkt, daß Karl recht mißmutig dreinblickte, aber seine schlechte Laune schien jetzt auf dem Tiefpunkt angelangt. Auch unserm Nachbarn Fritz Buttgereit war Karls Schweigen nicht entgangen, und um der Sache auf den Grund zu gehen, stieß er seinen Freund auf der Allee des Neuen Marktes in die Seite und drang in ihn: „Sag, Karl, hat et di denn nich jefalle?" Der so Angesprochene blieb stehen, verdrehte die Augen, fuchtelte mit den Armen durch die Luft und schrie seinen Zorn in die Welt hinaus: „De ganze Zeit hab ich jewartet, daß sie dem Wallenstein eins jiezen – aber nu war nuscht!" Womit sein seelischer Zustand allen, die sich um ihn Sorgen gemacht hatten, hinreichend erklärt war.

Eine verspielte Kuh

Die fünfte der Stallupöner Geschichten

Mein Großvater Matthias hatte neben mehreren Töchtern drei Söhne gezeugt, die alle aus Gründen der Zweckmäßigkeit auf kurze, bündige Namen hörten. Aus dem stolzen Friederich war der nüchterne Fritz geworden, aus dem heiligen Franziskus der simple Franz, und den Namen des Jüngers oder Evangelisten Johannes hatte man zu einem lapidaren Hans verstümmelt. Mein Vater, der mittlere der Brüder, war mit vierzehn Jahren auf die Präparandie nach Pillkallen geschickt worden, sei es, weil er das kleine Einmaleins schon beherrschte, ehe er die Nase über die Tischkante stecken konnte, oder sei es, weil man ihm das Schicksal vieler Nachgeborenen ersparen wollte, sein Leben lang als Großknecht auf dem Hof des älteren Bruders zu wirken, denn die Chancen zur Einheirat in einen „sohnlosen" Hof waren bei dem Kinderreichtum der Zeit und der Gegend sehr gering. Als moderner Ausweg aus solch schicksalhafter Verstrickung bot sich der Lehrerberuf für Bauernsöhne an, zumal sie dann oft als Magister auf dem Lande zugleich ein gutes Stück Bauerntum praktizieren konnten, weil zu den meisten Dorfschulen ein paar Morgen Land mit Stall und Scheune gehörten, wo sich in der Regel ein Pferd, ein bis zwei Kühe, einige Schweine, viele Hühner, Enten, Gänse und ähnliches Viehzeug samt Hund und Katze tummelten.

So durchlief mein Vater, auf der Geige kratzend und Goethe rezitierend, die Präparandie sowie das erste Seminarjahr, und hätte ihn nicht der Erste Weltkrieg unter die Fahnen gerufen und an die Westfront verschlagen, wo er wenigstens einige kurz zuvor erworbene Französisch-brocken bei Fraternisierungsversuchen einsetzen konnte, so wäre er mit zwanzig Jahren als Dorfschullehrer von Vaters Portemonnaie unabhängig gewesen. Nun aber mußte er nach dem Krieg erneut einen Anlauf zu einer beruflichen Karriere nehmen, was nicht ohne väterliche Finanzhilfe möglich war. Was Wunder, daß er auf Nebeneinnahmen sann, um dieses Abhängigkeitsverhältnis zu lockern, wenn nicht gar aufzuheben. Eine solche Möglichkeit schien sich dem Lycker Seminaristen unverhofft aufzutun, als mein Großvater ihn, der die Ferien daheim verbrachte, mit dem Verkauf einer Kuh beauftragte. Früh am Morgen machte er sich mit dem mehr störrisch als willig hinter ihm hertrottenden Tier auf den Weg zum Viehmarkt in die Stadt, um dort das ihm anvertraute Gut in möglichst viele klingende Münzen und bunte Scheine umzuwandeln. Fortuna schien ihm indessen den Weg zum Glück abkürzen zu wollen, denn als er nach zwei Kilometern am Hof des Viehhändlers Kurschat vorbeizockelte, trat just jener aus dem Tor, und da die Sonne schien, die Vögel zwitscherten und der Tag schön zu werden versprach, wurde man schnell handelseinig. Tier und Geld wechselten ihre Besitzer, und weil der erzielte Gewinn meinen Vater in eine gewisse Hochstimmung versetzte, schien es ihm töricht, sofort heimzukehren und die Gunst der Stunde nicht zu nutzen. Also marschierte er weiter in Richtung Stallupönen, wo er den neu erworbenen Reichtum zu mehren hoffte. Über das Wie war er sich noch nicht im klaren, als er die Stadtgrenze erreichte, aber bereits auf dem Alten Markt schien ihm die Glücksgöttin erneut hold in Gestalt eines flinken Bürschchens zuzulächeln, das Vorübergehende und neugierig Herumstehende zu einem Spielchen einlud. Der junge Mann hatte seinen provisorischen Stand zwischen Gemüsekörben und einer Käsebude aufgeschlagen und ließ Geldscheine auf „Bube-Dame-König-As" setzen, wobei derjenige den

doppelten Einsatz erhielt, dessen „Bild" aus dem Stapel der Karten gezogen wurde. Lag kein Bild nach der „Ziehung" oben, strich die Bank den Gewinn ein. Die Chancen für die sich Beteiligenden schienen nicht schlecht, denn innerhalb von wenigen Minuten hatte einer von ihnen seinen anfänglichen Einsatz verzehnfacht. Daß dieser Glückspilz mit dem Bankhalter unter einer Decke steckte und mit gezinkten Karten gespielt wurde, ahnten die Herumstehenden genauso wenig wie mein Vater Franz, der sich im Stillen schon errechnet hatte, welche Summe ihm am Ende beschieden sein könnte, wenn er mit dem Erlös der Kuh spekulierte. Nach dem Motto „frisch gewagt ist halb gewonnen" zog er aus dem Banknotenbündel, das seine Brieftasche schwellen ließ, einen Schein und setzte auf die Dame. Und siehe da, getreu dem Sprichwort, wonach der Teufel immer seine Notdurft auf den größten Haufen verrichtet, schien auch er vom Glück begünstigt zu sein, denn eine Dame wurde aus dem Kartenspiel gezogen. Ermutigt durch diesen Anfangserfolg, blätterte mein Vater immer größere Scheine auf den Spieltisch, aber der Durchbruch zum großen Glück blieb aus. Im Gegenteil, nach mehreren erfolglosen Durchgängen war die verkaufte Kuh nur noch als dünnes Reichsmarkbündel in der Brieftasche existent.

Meinem Großvater mit den Restbeständen unter die Augen zu treten wäre einer charakterlichen Bankrotterklärung gleichgekommen und verbot sich von selbst. Zwar entsann sich der bibelfeste Seminarist des Wortes, daß Gottes Hilfe am nächsten, wenn die Not am größten ist, als er durch die Goldaper Straße gehend an der Kreissparkasse vorbeikam, aber gerade sie schien das fromme Wort Lügen zu strafen, denn welche Bank hätte einem nahezu mittellosen Studiosus einen Kredit gewährt! Unschlüssig blieb er vor dem Gebäude stehen, überlegte hin und her, wagte aber nicht einzutreten. In seiner Verzweiflung drängte sich ihm der Gedanke auf, durch einen Sprung in die Pissa der Schande zu entgehen, aber die Einsicht, daß die geringe Tiefe des Flusses ihn höchstens der Lächerlichkeit ausgesetzt, nicht aber dem Jenseits nähergebracht hätte, ließ ihn diesen Plan dann doch fallenlassen. Als er gerade dabei war, den Wystiter- oder Marinowosee als Stätte seines wohl unvermeidlichen Endes in Betracht zu ziehen, legte sich ihm eine Hand auf die Schulter, und eine Stimme fragte: „Franz, wat deist du denn hier?" Der Angeredete fuhr herum und blickte in ein vertrautes Gesicht: Es war sein alter Schulfreund Max Reinbacher, der ihm seit längerer Zeit nicht mehr begegnet war. Seine Eltern betrieben in Wicknaweitschen einen florierenden Dorfkrug, besaßen zahlreiche Kühe und nannten einen stattlichen Bullen ihr eigen, der auf den schönen Namen Caesar hörte und als der leibliche Vater aller Kälber im Umkreis von mehreren Kilometern zu gelten hatte. Max war in die Stadt gekommen, um Erträge aus der Wirtschaft und ein nicht geringes Deckgeld, das Caesar durch eifrigen Einsatz „ersprungen" hatte, bei der Bank einzuzahlen. Als er erfuhr, wie es seinem Freund mit der leichtfertig verspielten Kuh ergangen war, und dessen Notlage erfaßt hatte, griff er als Schicksal wendender Retter souverän in die Tragödie ein, wandelte das Deckgeld des Bullen in einen zinsgünstigen Kredit um und half damit meinem Vater aus der Bredouille, denn dieser konnte nun das erhandelte Geld zu Hause abliefern und seine Eskapaden dort verbergen. Sobald er sein erstes Geld nach dem Examen als Junglehrer verdiente, flossen die Rückzahlungsbeträge in die Reinbachersche Bullenkasse, bis der Kredit samt Zins und Zinseszins auf Mark, Groschen und Pfennig getilgt war. Aber noch Jahre danach warf mein Vater Franz, wenn er an der Wiese vorbeiradelte, auf der der Bulle Caesar sein Gras rupfte, diesem Tier einen freundschaftlichen Blick zu; verdankte er doch letztlich ihm und seinem eifrigen Einsatz die Rettung vor Schande oder noch Schlimmerem.

Die Trompeten von Jericho

Die sechste der Stallupöner Geschichten

Mein Heimatort, am Südwestzipfel des Kreises Stallupönen gelegen, hatte einen altpruzzischen, manchen Leuten unaussprechbar scheinenden Namen: Bugdszen. Er wurde aber von den Einheimischen einfach Buckschen genannt, was keinen Anlaß zum Zungenbrechen gab, und meistens auch so geschrieben. Zwischen den weiten Pferdekoppeln Trakehnens und dem hügeligen Waldsaum der Rominter Heide verträumte das Dorf mit seinen zwölf Höfen, dem Achenbachschen Gutskomplex und der am Dorfteich gelegenen einklassigen Schule die Zeit. Von seinen etwa hundertfünfzig Einwohnern stammten die meisten aus Salzburg, Franken und Hessen/Nassau, und der litauische Name Bitschnat nahm sich unter den Eders, Brandtners, Schattauers, Saleckers, Buchs und Beisters, Kühns und Belks aus wie ein weißer Rabe unter vielen pechschwarzen Artgenossen, was aber nicht hieß, daß diese Abweichung bei den Dorfbewohnern zu irgendeiner Differenzierung oder gar Diskriminierung geführt hätte. Die Zeiten des Stammesdenkens waren längst passé, und die Buckscher bildeten eine Dorfgemeinschaft mit all ihren Vorzügen und Nachteilen, mit Nachbarschaftshilfe und Klatsch, Liebe und Neid, Freude und Trauer wie überall in unserer Gegend. Selten drang Aufgeregtheit in diese stille, abseits von großen Straßen und Eisenbahnlinien gelegene Welt und störte die ganz dem bäuerlichen Jahreszyklus angepaßte Lebensweise. Kamen Zigeuner mit Planwagen in den Ort, was ein- oder zweimal im Jahr geschah, wirkte das fast, als habe ein Schwall von Exotik und Abenteuer die Dorfluft überlagert. Neugierig betrachtete man die bunte Andersartigkeit und begegnete den Landfahrern mit vorsichtiger Freundlichkeit, eher aber noch mit Skepsis. Schnell war eine Zigeunerin, die barbusig im Freien ihr Kind säugte, der Mittelpunkt einer Schar Halbwüchsiger, die das ungewohnte Schauspiel mit offenen Mäulern genossen; aber keiner von ihnen hätte eine Tasse angerührt, in der eine Bäuerin der bettelnden fremden Frau einen Schluck Milch gereicht hatte. Zu sehr steckte ihnen die Angst in den Knochen, sich daran vergiften zu können. Letztlich waren alle froh, wenn die fahrenden Leute wieder davonzogen, meist bereichert durch irgendeinen zu ihrem Vorteil abgeschlossenen Handel oder einen Gewinn, der zum Beispiel darin bestand, daß man ihnen die jüngst an Rotlauf verendeten Schweine überlassen hatte, aus denen sie noch einen Vorteil zu ziehen hofften.

Was das Seelenheil der Buckscher betraf, so lag es in den Händen des Pfarrers in Kassuben — oder sollte dort zumindest liegen. Die Gemeinde gehörte zwar offiziell zu jenem Pfarrbezirk, infolge alter Bindungen an die Kirche in Soginten war der Glaubenskompaß vieler Buckscher jedoch nicht umgepolt. Erst um die Jahrhundertwende hatte man von verschiedenen Kirchensprengeln oder – wie man bei uns sagte – Kirchspielen Teile abgezwackt und sie zu einem weiteren Seelsorgegebiet vereinigt. Damit diese neue Glaubensgemeinschaft einen nicht zu übersehenden Mittelpunkt habe, war an der Kassuber Chaussee eine rot-weiß leuchtende Kirche erbaut worden, deren stattlicher Turm und wuchtiges Dach eindrucksvoll ihre Wichtigkeit unterstrichen. Auch das unmittelbar danebengesetzte Pfarrhaus imponierte mit rotem Backstein, grünen Fensterläden und einer Großräumigkeit, die im Gegensatz zum bescheidenen Einkommen manches geistlichen Herrn zu stehen schien, der dort seine Residenz nahm. Schon bald nach der Gründung dieser festen Burg Gottes zeigte sich aber, daß der Zulauf zu ihr – sieht man von den am meisten profitierenden Kassubern selbst einmal ab – seitens der umliegenden Gemeinden nicht gerade groß war, was durchaus nicht in einem Glaubensschwund bei den Kickwiedern, Disselwethern, Kinderlaukern, Motzkuhnern – und wie sie alle hießen – seine Ursache hatte, sondern einfach wie im Falle der Buckscher auf deren Phlegma und tradierte Bindung an die alten Kirchengemeinden zurückzuführen war.

Diesen Umstand registrierte auch der Vikar Lothar Rudowski, den man noch vor seiner Ordination zum „ordentlichen" Pfarrer mit dem Dienst am und im Kirchspiel Kassuben betraut hatte. Ihn, den Junggesellen, der sich mit seinem bescheidenen Mobiliar in den großen Räumen des Pfarrhauses reichlich verlassen vorkam, mußten die Lücken auf den Kirchenbänken am Sonntag besonders geschmerzt haben, denn er sann auf Änderung jenes Zustandes. Wenn die Leute von den Dörfern nicht zur Kirche kommen, schloß er scharfsinnig, müsse die Kirche eben hinaus auf die Dörfer gehen. So geschah es, daß die Buckscher Schule sich eines Abends in einen Gebetsraum verwandelte, in dem der junge Geistliche zumindest Teilen seiner Gemeinde näherzukommen trachtete.

Durch den Krawuhlzettel, eine bei uns gängige Art der

24

Nachrichtenübermittlung von Hof zu Hof und Tür zu Tür, hatte der Bürgermeister Georg Salecker, genannt Jörje, das Dorf zu einem Abendgottesdienst eingeladen, und dieser direkte Appell verfehlte nicht seine Wirkung. Von fast jedem Hof waren Leute, zumeist ältere, in das provisorische Gotteshaus gekommen. Selbst vom Steinbacherschen Abbau hatte sich die schwerhörige, aber sonst noch an allen Vorgängen um sie herum interessierte Großmutter eingefunden. Dabei war sie weniger von ihrem christlichen Gewissen und dem bürgermeisterlichen Aufruf auf den Weg gebracht worden als vielmehr von der Neugierde auf den jungen Vikar, von dem man im Dorf erzählte, er sei ein äußerst bescheidener, sparsamer Mann, der als der Erfinder einer neuen Art von Brotbelag zu gelten habe, der „Schiebewurst". Da er sich wöchentlich nur einige wenige Scheiben Räucherwurst gönnte, verfuhr er folgendermaßen: Er legte eine Scheibe davon vorn auf das Butterbrot und schob diese während des Essens immer weiter nach hinten, um sich die Vorfreude auf den Genuß möglichst lange zu erhalten und die Wurst sozusagen als Gipfel des Gaumenfestes zuletzt zu verspeisen.

Auch den Bürgermeister Jörje mochte vor allem diese pastorale Kuriosität angelockt haben. Obwohl ihm das Gehen in seinem Alter schwerfiel, hatte er dennoch seine gewichtige Leibesfülle von seinem Hof quer durch das Wiesengelände zur Schule getragen und sich neben Oma Steinbacher in eine der hinteren Schulbänke gezwängt. Die beiden waren gerade in einen Disput über den Nutzen von Hühnerdreck bei Haarausfall eingetreten, als ein Raunen durch die Reihen ging. Lothar Rudowski war, in den Talar gewandet, in der Tür erschienen, hatte sich nach vorn begeben, neben dem Pult Aufstellung genommen und intonierte nun ein Kirchenlied in der Hoffnung, viele würden es ihm gleichtun. Indessen blieb der Gesang kläglich dünn, da allenfalls einige Frauen den Text kannten und mitzuhalten versuchten. Dennoch bewirkte das Lied, daß alle Gespräche erstarben und der Vikar nach ein paar freundlichen Begrüßungsworten und einem kurzen Gebet zu seinem großen Schlag ausholen konnte, seiner Predigt, mit der er die Buckscher zu gewinnen hoffte: War er doch schon in seiner Ausbildungszeit dadurch seinen Vorgesetzten positiv aufgefallen, daß er mühelos aus dem tiefen Borne der Bibel zu schöpfen und wortgewandt Bilder von eindrucksvoller Kraft in seinen Predigten vor die Augen der Zuhörer zu stellen vermochte. Als Bibeltext hatte er sich Josua 6 gewählt, wo — wie man sicher weiß — die Kinder des Volkes Israel die Stadt Jericho mit Trompetengeschmetter und Gottes Hilfe zu Fall bringen. Weit spannte Lothar Rudowski den biblischen Bogen, berichtete ausführlich über die göttlichen Anweisungen, malte in glühenden Farben die Gewänder der Priesterschaft und verströmte sich in der Schilderung von Stadt und Festungsanlagen, so daß einige Buckscher schon Mühe hatten, ihm auf seinen farbigen Pfaden zu folgen, ganz zu schweigen von Oma Steinbacher, die wegen ihres Gehörschadens nur die Hälfte mitbekam, und Jörje Salecker, dem zu dieser späten Stunde ohnehin die Augen zuzufallen drohten. Aber der junge Vikar schenkte seinen Zuhörern nichts. Sechs Tage lang ließ er sieben Priester mit sieben Posaunen die Stadtmauern umkreisen, ehe er am siebten Tag die Israeliten in Schlachtordnung formierte und nach sieben weiteren Umrundungen dem Höhepunkt zustrebte. Gerade war er dabei, seine Trompeter die Instrumente heben zu lassen, als aus der Tiefe des Klassenraumes ein rasselnder Fanfarenstoß die gesammelte Stille durchbrach und, als alle Köpfe herumfuhren, ein zweiter, nicht weniger stark, jenem folgte. Aus dem weit geöffneten Mund des inzwischen eingeschlafenen und zurückgelehnt dasitzenden Bürgermeisters hatten sich Geräusche gelöst, wie sie eindrucksvoller die biblische Situation nicht hätten untermalen können. Im Gegensatz zur dortigen Wirkung stürzten aber nicht Wände ein, sondern erhob sich schallendes Gelächter, welches zwar allmählich abklang, aber verhinderte, daß noch einmal Sammlung bei den Zuhörern aufkam. Hochroten Kopfes beendete der ob dieser unerwarteten Wendung fassungslos gewordene Vikar mit ein paar

Schlußfloskeln die Andacht und eilte schweißgebadet aus dem Raum. Draußen streifte er flugs den Talar ab, schwang sich auf sein Fahrrad und strampelte geduckt wie ein begossener Pudel davon.

Jörje Salecker, obwohl Verursacher dieser schlimmen Entwicklung, hatte trotz des Gelächters nichts mitbekommen und erwachte erst, als der Klassenraum sich leerte. Auf dem Heimweg erfuhr er von seinem Nachbarn Karl Brandtner, welchen Tort er dem jungen Gottesstreiter angetan hatte, aber er wäre nicht er selbst gewesen, wenn ihm dieser nicht herzlich leid getan hätte. Den ganzen folgenden Tag legte er seine große Stirn in Falten und zermarterte sich sein Hirn. Schließlich hatte er die Lösung, und noch am Abend machte wieder ein Krawuhlzettel im Dorf die Runde...

Als der Vikar Lothar Rudowski am nächsten Sonntag immer noch in gedrückter Stimmung durch den Seiteneingang in den Kassuber Kirchenraum trat, erblickter er eine unerwartet große Zahl von Gottesdienstbesuchern, und unter ihnen waren sehr viele, deren Gesichter er erst kürzlich in der Buckscher Schule gesehen hatte. Mitten in dem Pulk aber saß der Bürgermeister Jörje Salecker und strahlte ihn mit seinem schnauzbärtigen Gesicht an, als wollte er sagen: Siehst du, das hast du mir zu verdanken!

Obendrein fand der junge Geistliche gegen Abend an seiner Haustür einen unter der Klingel baumelnden Leinenbeutel, in dem seine Hände drei ausgewachsene Räucherwürste ertasteten. Auf einem angehefteten Zettel las er die Worte: „Zur Stärkung nach dem Fall von Jericho!"

Pinkus Kranikus

Die siebente der Stallupöner Geschichten

Er war unser Klassenlehrer im Stallupöner Realgymnasium von Sexta bis Quarta, eine Bohnenstange mit Brille, bei der Mode der zwanziger Jahre stehengeblieben, und so wirkte er mit seinem hellen, taillierten Sommermantel, farblich dazu abgestimmten Gamaschen, flachen Hut und Dandystöckchen zwischen uns kurzbehosten Jungvolk-Pimpfen wie ein Relikt aus den Anfängen der Weimarer Zeit. Dieses Äußere, das einem „feinen Pinkel" glich, hatte ihm offensichtlich den ersten Teil seines Spitznamens eingetragen, während der zweite Teil im Zusammenhang mit den Kranichen des Ibikus stand, jenem Titel der oft von ihm vorgetragenen Schiller-Ballade.

Pinkus Kranikus lehrte uns Geschichte und Deutsch, aber seine Liebe galt dem Französischen, und er ließ keine Gelegenheit aus, uns – die wir nur Englisch und etwas Latein radebrechten – den Wohlklang jener Sprache von Welt vorzuführen. Am Namen des französischen Politikers Poincaré übte er mit uns den Nasallaut, indem er mit dem Finger auf der Tafel einen Bogen nach oben und darauf einen nach unten beschrieb und uns zwanzigmal und mehr die Silben „po-än-ca-re" sprechen ließ.

Als Deutschlehrer pflegte er vorzugsweise das Gedichtgut der hohen Klassik, und nur selten, wenn es gar nicht zu umgehen war, begab er sich in die Niederungen des Impressionismus oder gar in den Sumpf noch modernerer Dichter hinab. Eines Tages – er hatte sich wohl nicht besonders auf die Stunde vorbereitet – geriet ihm Liliencrons Gedicht „Die Musik kommt" beim Blättern im Lesebuch unter die Finger. Mit schwungvoller Stimme begann er die erste Strophe des Poems vorzutragen, in dem berichtet wird, wie eine Militärkapelle mit klingendem Spiel durch die Stadt marschiert und die Blicke der blonden Mädchen auf sich zieht. Als er an die Stelle gekommen war, wo der zunächst unsichtbare Zug in einer Straße auftauchte, las er: „Und um die Ecke brausend bricht's wie Tübatöng des Weltgerichts." Dabei brachte er seinen Nasallaut voll zur Geltung – nur breitete sich allgemeine Ratlosigkeit aus, als einer von uns vorwitzigerweise fragte, was denn „Tübatöng" sei. Pinkus stutzte, blickte irritiert auf den Text und fragte seinerseits: „Was machen wir im Falle von Fremdwörtern?" Die Antwort brauchte keiner zu geben, denn alle wußten, daß im Lesebuchanhang derlei erklärt wurde. Indessen half alles Blättern in den letzten Seiten nicht weiter: „Tübatöng" blieb unauffindbar. In das betretene Schweigen, das sich zwangsläufig auf Lehrer- und Schülerseite einstellte, streckte sich zögernd ein Quartanerfinger, und als vorsichtig angefragt wurde, ob es sich hier nicht um ein „normales" Wort, nämlich Tuba-Ton, Ton einer Tuba handeln könne, geschah etwas Seltsames, nämlich nichts. Erst Sekunden später, als alle begriffen hatten, daß die frankophilen Triebe unserem Pinkus Kranikus ein Bein gestellt hatten, brach schallendes Gelächter aus. Das Sympathische dabei war, daß Pinkus herzhaft mitlachte, und diese Fähigkeit, eine Schwäche einzugestehen und über sich selbst zu lachen, brachte ihn unseren Quartanerherzen, die ohnehin für ihn schlugen, ein weiteres Stück näher.

Amors falscher Schuß

Die achte der Stallupöner Geschichten

Die Liebe, wen sollte das wundern, spielte auch im Kreis Stallupönen unter den Dingen des Lebens eine herausragende Rolle. War eine Marjell gerade konfirmiert, warf sie − zwar mehr unbewußt und züchtig, aber für den aufmerksamen Beobachter doch registrierbar − ihre ersten Netze aus, um zu testen, wie die Chancen standen, von Männern beachtet zu werden. Etwa mit siebzehn intensivierte sich dann die Suche nach dem Mann des Lebens, aber bei der Wahl des Ehepartners hatten in einem Land, in welchem manchmal den Blähungen einer Kuh mehr Aufmerksamkeit geschenkt wurde als der Seelenpein eines Mädchens, selbstverständlich die Eltern und innerhalb dieser Kategorie wiederum die Mütter ein entscheidendes Wort mitzureden. Kamen ihre Töchter in das heiratsfähige Alter, hatten sie ein wachsames Auge auf die Männerwelt ringsum, damit ja nicht eine Gelegenheit zu einer günstigen Partie verpaßt wurde, und hatten sie sich entschieden, steuerten sie energisch auf ihr Ziel zu, wobei der Wunsch der Töchter von untergeordnetem Rang blieb. In der Regel galt bei den Stallupöner Müttern die Devise: „Die Liebe kommt mit der Ehe", und da es bei uns weder Eheberater noch Psychiater gab, ging diese Rechnung in den häufigsten Fällen auch auf.

Die Zeit, innerhalb welcher Mädchen das große Glück

der Liebe und, wenn der Zufall es wollte, auch das des Lebens finden konnten, war relativ knapp bemessen, denn wenn eine Maid die Mitte ihres dritten Jahrzehnts überschritten hatte, fiel ihr Wert als Heiratsobjekt in steiler Kurve abwärts, und mit dreißig konnte sie sich kaum noch Hoffnung auf den erträumten Mann machen, es sei denn, sie hätte sich mit einem für die Ehe fast schon verdorbenen Hagestolz oder einem bemitleidenswerten Witwer zufriedengegeben. Zwar konnte der Zeitpunkt des Kursverfalls durch eine ansehnliche Mitgift hinausgezögert werden, aber der Sturz in die Baisse war am Ende auch nicht durch Wäsche, Vieh, Land oder ein Sparbuch aufzuhalten. Drohte eine solche Situation, traten Tanten und Cousinen in Aktion, um zu retten, was zu retten war, und selbst die Hilfe von Bekannten wurde in solchen Fällen nicht ausgeschlagen.

So geriet auch meine Großmutter Marusch einmal in die Rolle der Heiratsvermittlerin. Sie kannte die Matthöfers aus Kattenau und deren Kinder recht gut, und besonders die Töchter Trautchen und Friedchen waren ihr ans Herz gewachsen, als die Mädchen während ihres Besuchs der Stalluponer Landwirtschaftsschule im Winter wegen der schneeverwehten Straßen zu ihr „in Pension" gekommen waren. Es gebrach ihnen nicht an dörflicher Schönheit, will sagen: roten Backen und luchteren Augen, und auch die Mitgift war mit je fünfmal Wäsche zum Beziehen, einem großen Stapel Tischtücher, zwei gewebten Läufern und viertausend Reichsmark in bar durchaus ansehnlich, aber weil die Töchter nicht nur gut kochen gelernt hatten, sondern Trautchen sogar ein paar Etüden und noch Besseres auf dem Klavier zu klimpern verstand, hatte Mutter Matthöfer die Ansprüche an potentielle Freier wohl etwas zu hoch geschraubt und den ersten Burschen, die sich als Bewerber einstellten, zu verstehen gegeben, daß sie in ihnen nur Bauerntölpel sah, für die ihr das Trautchen zu schade war. Solcherlei sprach sich im Kreis Stallupönen schnell herum, und es stockte nun der Zustrom von Verehrern gewaltig. Als Trautchen auf die Fünfundzwanzig zuging, ohne daß sich der passende Freier eingestellt hatte, und das mit neunzehn Jahren zwar noch junge, aber immerhin doch schon heiratsfähige Friedchen allmählich an die Reihe zu kommen drängte, flossen heimliche und auch offene Tränen, und die Lage im Hause der Matthöfers begann kritisch zu werden.

Sobald meine Großmutter von Trautchens desolatem Zustand erfuhr, beschloß sie zu handeln. Sie durchlief die Reihe ihrer ehemaligen „möblierten Herren", welche dank der genossenen warmherzig-mütterlichen Betreuung oft noch lange nach ihrem Fortgang mit ihr Kontakt hielten, und fand darunter den unverheirateten Tierarzt Kurt Schachtner, der nach seiner Volontärzeit beim Kreisamt sich als Viehdoktor in Mehlkehmen niedergelassen hatten. Der Junggeselle residierte in einem kleinen, von einer verwitweten Tante übernommenen Bauernhof und versorgte im Umkreis Paar- und Unpaarzeher, Hühner- und Entenvögel sowie zahme Raubtiere (als da sind: Hunde und Katzen) mit Mitteln gegen Maul- und Klauenseuche, Rotlauf, Staupe und ähnliche animalische Gebrechen. Da meine Großmutter wußte, daß er durchaus geneigt war, sich ein Weibchen ins Haus zu holen, fuhr sie kurz entschlossen gen Süden nach Mehlkehmen und entwickelte ohne Umschweife dem zunächst etwas verdutzten, dann aber doch freundlich zuhörenden Veterinär ihre Vorstellungen. Sie machte ihm klar, daß er als Enddreißiger nicht mehr der Jüngste sei; das Leben zu zweit habe doch − bei allen Vorbehalten − viele Vorteile, angefangen von den täglichen Versorgungen bis hin zur trauten Nestwärme, und überhaupt sei es eine Schande, daß so nette Leute wie er, der Kurt Schachtner, und das Trautchen Matthöfer so allein lebten, wo sie doch ein prächtiges Paar abgeben könnten.

Ihre Rede zeigte Wirkung, und so wurde ein Besuch für den übernächsten Sonntag in Kattenau vereinbart, der den offiziellen Titel Bekanntentreffen trug, damit der Name Brautschau die unmittelbar Betroffenen nicht zu sehr mit Hemmungen belastete.

Als der wichtige Tag gekommen war, fuhr Kurt Schachtner mit seinem P 4 am Haus meiner Großeltern vor, lud sie in seinen Wagen und ratterte mit ihnen gen Kattenau davon. Zwar hatte mein Großvater sich vor der Fahrt zu drücken versucht, weil ihm das Unternehmen zu sehr nach Kuppelei schmeckte, aber Marusch hatte ihn mit dem Hinweis darauf, daß das Glück zuweilen einen Stups benötige, von der Wichtigkeit ihrer und seiner Rolle in diesem Stück überzeugt, und so fuhr er schweigend mit und beobachtete den potentiellen Bräutigam, der die Chausseebäume beim Vorbeifahren als Orakel benutzte, indem er andauernd „ja − nein − ja − nein − ja" an ihnen ablas, um sich über den Ausgang des Besuchs ein Vorwissen zu verschaffen.

Beim Eintreffen auf dem Matthöferschen Grundstück war dem Kurt Schachtner allerdings der Überblick verlorengegangen, weil er überlegt hatte, ob Sträucher als Orakelstätten zu berücksichtigen seien, und so trat er ohne einen Wink des Pruzzengottes Perkunos vor die wartende Familie und das errötende Trautchen, dem es natürlich trotz aller elterlicher Diskretion nicht entgangen war, daß sie in dieser Inszenierung einen nicht unwesentlichen Part spielte. Man trank ein Glas Portwein zur Begrüßung, wurde an den Kaffeetisch gebeten, wobei es der Zufall so eingerichtet hatte, daß Kurt und Trautchen nebeneinander zu sitzen kamen, man plauderte über dieses und jenes, und schließlich wollte es der Zufall wohl auch, daß allmählich der eine nach dem anderen aus dem Zimmer verschwand. Friedchen hatte dem interessanten Besucher besonders viel Aufmerksamkeit geschenkt und mußte von ihrer Mutter mehrfach am Rock gezupft werden, bis sie begriffen hatte, daß sie hier überflüssig war, aber dann war auch sie unter einem Vorwand verschwunden, und so fanden sich die beiden, um die es letztlich ging, unversehens alleine im Raum, was zugleich bedeutete, daß das Schußfeld für Gott Amor freigegeben war. Indessen muß dieser auf altpruzzischem Boden doch sehr irritiert gewesen sein, denn weder Trautchen noch Kurt verspürten eine wesentliche Veränderung ihrer Gemütslage. Allenfalls hätten sie von einer gewissen Beklemmung sprechen können, die ihnen aber nicht signalisierte, daß sie ein Liebespfeil getroffen hatte, sondern eher von beiden als die Wirkung eines peinlichen Beisammenseins interpretiert wurde.

Da nützte es auch nichts, daß Kurt Schachtner die junge Frau zu einem Spaziergang im nahen Packledimmer Moor entführte. Am Abend war es klar: Der Funke hatte nicht gezündet, und Trautchen war selbst am unglücklichsten über ihren Zustand. Kein gutes Zureden der Eltern half; sie war einfach nicht bereit, trotz ihrer Torschluß-Situation einen Mann zu akzeptieren, der ihr Herz nicht wenigstens ein bißchen höher schlagen ließ. Auch der Viehdoktor befand sich nach dem Scheitern des Unternehmens „Brautwerbung" tagelang in gedrückter Stimmung, schrieb er doch den Mißerfolg zum größten Teil seinem etwas linkischen Wesen und seiner Wortkargheit zu.

Damit hätte die Geschichte eigentlich abgeschlossen sein können, wenn da nicht noch Friedchen gewesen wäre. Das muntere Mädchen hatte schon am Kaffeetisch den Junggesellen fasziniert angelächelt und war noch im Laufe des Nachmittags sich darüber klar geworden, daß sie nichts sehnlicher wünschte, als in Trautchens Rolle zu sein. Die folgenden Nächte durchwachte sie mehr, als daß sie sie durchschlief, und ständig sann sie auf ein Mittel, Amors Wunde zu kurieren. Endlich faßte sie sich ein Herz, fuhr zu meiner Großmutter Marusch nach Stallupönen, tat dort so, als komme sie mal eben auf einen Sprung vorbei, und ließ auch nur mal so nebenbei die Bemerkung fallen, ihr würde ein Mann wie der Veterinär Kurt Schachtner durchaus gefallen, auch wenn er fast doppelt so alt sei wie sie. Hätte Marusch nicht ein Stück von Frau Marthe Schwerdtlein in sich gehabt, ihr wäre das Gewicht dieser scheinbar belanglosen Worte unbewußt geblieben. So aber schaltete sie blitzschnell, fuhr erneut nach Mehlkehmen, und schon am nächsten Sonntag kutschierte Kurt Schachtner das Friedchen Matthöfer am Marinowosee vorbei zu seinem Gehöft, wo das Mädchen dem Vete-

rinär bewies, daß sie die richtige Frau für einen Landtierarzt war, indem sie ganz flink durch Bauchmassage das Geschlecht von drei auf dem Hof herumhopsenden Karnickeln bestimmte und dem staunenden Junggesellen genau erklärte, wie man auf den Bauernhöfen Kater zu kastrieren pflegte.

Aber es hätte wohl gar nicht solcher handgreiflichen Beweise von Nützlichkeit bedurft, denn Kurt war schon während der Fahrt von Kattenau nach Mehlkehmen etwa auf der Höhe von Trakehnen zu der Überzeugung gelangt, daß Marusch ihm diesmal die richtige Frau zugeführt hatte. So ging alles ganz schnell: Die Verlobungszeit dauerte nur so lange, wie das Aufgebot es unumgänglich machte. Kurz vor Weihnachten läuteten bereits die Hochzeitsglocken, und bei der großen Feier im Matthöferschen Hause spielte Trautchen zur Unterhaltung der Gäste und des Brautpaars auf dem Klavier: Alle Englein lachen, wenn zwei Hochzeit machen, ... und dabei schluckte sie heftig und griff zwischendurch nach dem Taschentuch, um den Schnupfen zu bekämpfen, den zu haben sie vorgab. Meine Großmutter aber, die natürlich nicht bei dieser Feier fehlen durfte, stellte sich hinter sie ans Klavier und flüsterte ihr ins Ohr: „Ek find for di doch noch e nettem Mann!" Was Marusch versprach, das hielt sie auch. Dank ihres Junggesellenangebots wurde Trautchen ein gutes Jahr später von einem Gerichtsassessor zum Altar geführt, – „und es war alles, alles gut."

Räuber und Schandiz

Die neunte der Stallupöner Geschichten

Der Landjäger Tobias Prapolinat aus Bilderweitschen konnte als einziger Gendarm unseres Kreises von sich behaupten, innerhalb von fünf Jahren – und das war, an den Zeitläuften gemessen, eine kurze Spanne – dreieinhalb kapitale Schmuggler zur Strecke gebracht zu haben. Drei ganze waren dank seiner regen Tätigkeit dem Kadi überantwortet worden, einen halben erwähnte er stets mit, weil es ihm beinahe gelungen war, den Stellmacher Erich Jonigkeit aus Nickelnischken dingfest zu machen, der auf zehn Meilen im Umkreis als der König unter den Pferdeschmugglern galt. Dieser gerissene Kerl war ihm, obwohl er seine Falle mit höchstem Einsatz an Intelligenz und Raffinesse aufgestellt hatte, dennoch entwischt.

An der Wand über dem Sofa im Wohnzimmer der Prapolinats prangte im Eichenholzrahmen ein vom Gumbinner Regierungspräsidenten eigenhändig unterzeichnetes Belobigungsschreiben, das den Landjäger Prapolinat eben als den auswies, der er sein wollte: ein aufmerksamer Hü-

ter des Gesetzes, ein wachsames Auge an unserer Kreis-
grenze nach Litauen hin, die, wenn man es genau nimmt,
kilometerweit nichts anderes war als ein prachriger Gra-
ben, den barfuß und mit geschlossenen Knien zu über-
springen sich die Dorfkinder von hüben und drüben ein
Vergnügen machten, um zu beweisen, wie simpel ein
Wechsel von einem Land zum anderen war.

Diese mehr gedachte als deutlich erkennbare Tren-
nungslinie war einerseits dem kleinen Grenzverkehr der
Stallupöner und Eydtkuhner Stadtbevölkerung sehr för-
derlich, denn sie erlaubte ohne großen Aufwand den billi-
gen Einkauf von Fleisch, Geflügel und vor allem Butter,
die in Litauen für weniger Geld zu haben war als die Wa-
genschmiere. Andererseits verführte die Durchlässigkeit
labile Seelen aus den grenznahen Dörfern zum Transfer
kleiner und großer Güter unter Umgehung der Fiskalkas-
se von einem Land ins andere, wofür die deutsche Sprache
das wenig schmeichelhafte Wort Schmuggel bereithält.
Daß in einem Gebiet, welches von Landwirtschaft und
Viehzucht lebte, besonders „vierbeinige Güter" zu der
Konterbande gehörten, liegt auf der Hand.

Angesichts dieser Herausforderung hielten die preußischen Staatsorgane Zöllner und Gendarmen zu ständiger
Wachsamkeit an und geizten nicht mit Lob, wenn ein
Schmuggler überführt werden konnte. Von Wenzlo-
wischken über Taschieten und Plimballen bis hinauf nach
Kosakweitschen spitzten die Landjäger auf ihren nächtli-
chen Patrouillengängen die Ohren, denn die meisten ille-
galen Transaktionen vollzogen sich — das hatte sie die Er-
fahrung gelehrt — im Schutze der Dunkelheit. Hörte ein
Gendarm nachts verdächtiges Pferdegetrappel, so bemühte er sich, diesem möglichst unauffällig zu folgen und zu
beobachten, wer zu später Stunde unterwegs war und welchem Hof er zustrebte, um dann am folgenden Morgen
dort herauszufinden, ob sich die Zahl der Rappen, Brau-
nen oder Grauschimmel auf wundersame Weise vermehrt
hatte. Oft genug mußte er jedoch feststellen, daß er an der
Nase herumgeführt worden war, denn während ihn ein

nicht ganz geheuer aussehender Reiter von der Grenze fort nach Tarpupönen oder Matternischken lockte, passierte das Schmuggelgut hinter seinem Rücken ungesehen die Grenzlinie und tauchte in einem Schuppen oder Heuschober unter, um dann bei nächster Gelegenheit ins Landesinnere verschoben zu werden. Dort erzielten die Schmuggler für einen illegal importierten „Litauer" einen relativ guten Preis, denn Pferde aus der Trakehner Zucht kosteten im regulären Handel erheblich mehr.

Tobias Prapolinat hielt sich bei seinen Erkundigungsgängen an ein besonderes Rezept. Gegen Abend kehrte er in eine grenznahe Gastwirtschaft ein, stellte sich an die Theke und versuchte, aus Andeutungen beschwipster Kneipenbesucher seine Schlüsse zu ziehen. Er kannte seine Pappenheimer und wußte ziemlich genau, auf wessen Äußerungen er nichts zu geben hatte oder wer ihm, wenn der Alkohol die Zunge gelöst hatte, ungewollt einen Hinweis geben konnte. Dabei war er sich durchaus bewußt, gegen die Dienstvorschriften zu verstoßen, wenn er sich selbst beim Plachandern an der Theke ein paar Bier genehmigte, aber ohne das wäre kein erhellendes Gespräch mit potentiellen Informanten zustande gekommen. So nahm er sein „Vergehen im Dienst" billigend in Kauf, da ja der Zweck besonders in diesem Falle die Mittel heiligte.

Tobias hatte auch an jenem schönen Juliabend an der Theke gestanden, an dem der Meisterschmuggler Jonigkeit von einem seiner Nachbarn in Richtung Grenze zokkelnd gesehen worden war, und eben diesem Nachbarn war der Mund in der Kneipe übergelaufen, weil sein Herz − und nicht nur das − voll war. Der Landjäger hatte sich einen Reim darauf gemacht und beschlossen, diesmal, statt sich auf das Hinterherschleichen zu verlegen, direkt in die Höhle des Löwen zu gehen, um dort notfalls die ganze Nacht zu verbringen und den Gesetzesbrecher bei seiner Heimkunft zu überführen und möglichst gleich zu verhaften. Also versteckte er sein Fahrrad in einem Holundergebüsch, schlich sich über eine Kuhweide zum Hofgelände des Stellmachers Jonigkeit und trat just in dem Augenblick

38

in den Flur des Wohnhauses, als Marta Jonigkeit und ihre unverheiratete Schwägerin, im Dorf nur Tante Lieschen genannt, es sich in der Küche gemütlich gemacht hatten, um einen Teller Suppe zu sich zu nehmen. Wäre Marta nicht eine Frau von großer Selbstbeherrschung gewesen, sie hätte ob des in die Küche hineinstiefelnden Gendarms die Hände über dem Kopf zusammengeschlagen und „Erbarmung" geschrieen, denn sie ahnte natürlich, daß der Fortgang ihres Mannes und das Eintreffen des Herrn Prapolinat in einem ursächlichen Zusammenhang standen. Da sie aber über ein schnelles Reaktionsvermögen verfügte, bot sie ruhig dem Wachtmeister einen Platz am Küchentisch und einen Teller Betenbartsch an in der Hoffnung, ihn vom Anblick des vor Schreck in sich zusammengesunkenen Lieschens abzulenken. Gerade aber das Zusammenzucken des ohnehin nicht großen Tantchens war dem Landjäger eine Bestätigung für seinen Verdacht, er komme den Frauen höchst ungelegen. Mit gespielter Lässigkeit nahm er am blankgerubbelten Holztisch Platz und erkundigte sich nach der Arbeit, nach Hühnern, Enten, Gänsen, Schweinen, Kühen und anderem Getier, wobei er gezielt die beiden Pferde der Jonigkeits aus seiner Anfrage aussparte. Dabei löffelte er langsam und genüßlich schlürfend den Betenbartsch in sich hinein und bereitete sich auf eine lange Nacht mit den Frauen in der Küche vor, denn wie er den Erich Jonigkeit kannte, würde dieser nicht vor zwei oder drei Uhr von seinem Unternehmen zurückkommen.

Lieschen Jonigkeit gewann währenddessen allmählich ihre Fassung wieder und schaltete sich mehr und mehr in das Gespräch ein, bot auch von sich aus dem Tobias Prapolinat als Nachspeise einen Schlag Sauerampfersuppe von den Mittagsresten an, was jener wiederum dankend annahm, da er, wie gesagt, noch viel Zeit zu überbrücken hatte. Seiner Aufmerksamkeit entging nicht, daß die kleine, etwas bucklige Frau irgendwie in der Speisekammer herumpulte, während sie die Suppe holte, aber das Salzfaß, mit dem sie sich zwischenzeitlich beschäftigte, bemerkte

er dennoch nicht. Wohl schien ihm der Sauerampfer reichlich gewürzt, da er jedoch vom Kochen wenig verstand,
hielt er sich generell von Kritik an Küchendingen zurück.
Auch daß sich nach dem Essen das Durstgefühl verstärkte,
hielt er für einen normalen Vorgang und schlug daher das
Glas selbstgemachten Johannisbeerwein vom letzten Jahr
nicht aus, das Tante Lieschen ihm nach dem Sauerampfer
kredenzte. Einmal auf den Geschmack gekommen, blieb
es nicht bei einem Glas, und weil Marta und Lieschen Jonigkeit fleißig mitzuhalten schienen, hatte er auch nichts
gegen die Flasche Bärenfang einzuwenden, die plötzlich
auf dem Tisch stand.

Während man so plachanderte und trank, trank und plachanderte, vergingen einige Stunden, ohne daß sich draußen etwas Bemerkenswertes tat. Die Nacht blieb still, die letzten Holzscheite im Küchenherd verströmten eine angenehme Wärme, eine Fliege hatte sich auf den von der Decke baumelnden Leimstreifen verirrt und zuckte, dort angeklebt, nur noch gelegentlich mit einem Bein, während dem Landjäger Tobias Prapolinat die Augenlider immer schwerer wurden und ihm sein Ziel mehr und mehr abhanden kam. Zwar gelang es ihm noch, einen hochprozentigen Pillkaller abzuwehren, aber weiter reichte seine Widerstandskraft nicht. Sein Kopf sackte auf die Tischplatte, und bald verkündeten tiefe Atemzüge den gespannt lauschenden Frauen, daß ihr ungebetener Gast wie in Abrahams Schoß ruhte ...

Als der Landjäger nach tiefem Schlaf wieder allmählich zu sich kam und sich zu orientieren versuchte, sah er durch seine verplierten Augen weder Marta noch Lieschen, wohl aber erblickte er im Schein der Petroleumlampe seinen Widersacher Erich Jonigkeit, der mehr auf der Tischplatte liegend als davor sitzend ihn freundlich angrinste. Deikert!, fuhr es Tobias Prapolinat durch den Kopf, da sitzt er und tut so, als könne er kein Wässerchen trüben. Dabei hat er jetzt sein Schäfchen — oder besser gesagt: seinen Gaul — im Trockenen, und ich habe das Nachsehen. Er begriff schnell, daß es keinen Zweck hatte, unter einem Vorwand in Stall, Scheune und Schuppen zu gehen, denn dort, dessen war er sich sicher, würde sich am Pferdebestand nichts geändert haben. Also knurrte er ein kaum verständliches „Dankeschön-für-die-freundliche-Aufnahme" und schlich sich, gebeugt von seinem Waterloo, aus dem Jonigkeitschen Hofgelände.

Zwei Dinge muß der Chronist hierzu noch nachtragen: Einem Frühaufsteher aus Budweitschen war in der Morgendämmerung auf dem Landweg nach Degesen ein Reiter begegnet, bei dem er hätte schwören können, daß es sich um das bucklige Lieschen Jonigkeit gehandelt hatte, aber seine Frau, der er davon erzählte, lachte ihn aus und meinte, er sei auf dem Weg wohl noch nicht ganz wach gewesen. Und die Blumenerde in den Töpfen hinter dem Jonigkeitschen Küchentisch soll noch ein paar Wochen lang stark nach Schnaps gerochen und die Geranien ihre Köpfe hängengelassen haben, so daß Marta eines Tages ihrer Schwägerin erklärte: „Weißt, Lieschen, das nächste Mal gießt deinem Schnaps besser nich auf de Blumchens, wenn du mit dem Schendarm um de Wette saufen mußt!"

Fragwürdiger Fortschritt

Die zehnte der Stallupöner Geschichten

„Kemmst nich hiete, kemmst nich morje, övermorje ganz jewiß" lautete eine Maxime der Stallupöner, womit zum Ausdruck gebracht war, daß mit Weile zu eilen als angemessen empfunden und empfohlen wurde. Eine solche Denkungsart in Sachen Fortbewegung hatte natürlich ihre Ursache. Wer zum Beispiel ostpreußische Marktplätze kannte, als deren größter der von Treuburg galt, mochte wohl verstehen, daß es wenig Sinn hatte, im Sturmschritt die Riesenfläche durchqueren zu wollen, da die zurückzulegende Strecke jedem allzu Eiligen schnell die Puste ausgehen ließ. Eher überlegte man sich, ob es nicht ratsam sei, vor Antritt des Weges sich mit einem Zipfel Rauchwurst oder einem Stück Streuselkuchen zu versehen, damit nicht auf halber Strecke sich ein Hungergefühl einstellte und die Kräfte vorzeitig erlahmten. Hatte man so vorgesorgt, konnte man in dem Gefühl, es werde einem unterwegs keine Unbill widerfahren, die Fläche mit großer Gemächlichkeit meistern.

Der Alte Markt in Stallupönen stand, was die Ausdehnung anbetraf, jenem von Treuburg nur wenig nach, und so hatte sich eine Reisementalität der Stallupöner bemächtigt, die sie selbst dann nicht in Hektik geraten ließ, wenn es darauf ankam, weit größere Herausforderungen anzunehmen, als sie die ostpreußischen Marktplätze darstellten. Wer zu rennen anfing, der war irgendwie verdächtig, und alles, was mit einer Maschine ausgestattet war und sich schneller als im „Schweinsgalopp" bewegte, wurde — zumindest noch bis in die dreißiger Jahre hinein — mit dem Nimbus des Gefährlichen umgeben.

So nimmt es nicht wunder, daß noch meine Urgroßmutter Henriette, eine Frau von großer Courage, welche sie anläßlich des ersten Russeneinfalls in Stallupönen 1914 bewiesen hatte, indem sie unter dem Einschlag feindlicher Granaten vom Flüchtlingstreck zurücklief, um dem quäkenden Säugling ihrer Tochter, also ihrem Enkelkind, die Milchflasche vom häuslichen Herd zu holen, wo man selbige in der Eile des Aufbruchs hatte stehen lassen — daß also besagte Urgroßmutter Henriette noch der festen Überzeugung war, jeder begebe sich freiwillig in den Untergang, der ein Automobil besteige, weil ein solches rasendes Ungeheuer nur Teufelswerk sein konnte. Vielleicht war diese allgemein verbreitete Skepsis gegenüber modernen Fortbewegungsmitteln ein Grund, warum die Technik retardiert und nur punktuell in unsere fernöstlichen Gefilde einzog.

Ich erinnere mich noch genau, welches Aufsehen das erste Auto unseres Dorfes erregte. Mein Vater hatte, ohne daß es publik geworden war, gegen Überlassung einer ererbten Kriegsanleihe und mit dem Versprechen, den Kaufsummenrest in monatlichen Raten abzustottern, von einem betuchten Onkel, seines Zeichens Fleischermeister und darüber hinaus gewiefter Viehhändler, einen nicht mehr ganz neuen, aber immer noch ansehnlichen Opel-Sechszylinder Baujahr 1935 erworben, er hatte — ebenfalls ohne Wissen des Dorfes — bei der Fahrschule Kumetat in Stallupönen die Fahrprüfung bestanden, war unmittelbar danach wagemutig und ohne Begleitung von der Stadt bis zu unserem Dorf gefahren und ratterte am Ende dieser Jungfernfahrt unter Hupen und mit kräftigen Zwischengas-Schüben um den Dorfteich bis auf den Schulplatz. Als das chromblitzende Gefährt zum Stehen gekommen war, öffnete mein Vater das Verdeck des Kabrioletts, und zum Vorschein kamen rote Ledersitze, die selbst einem Berliner Literatencafé Ehre gemacht hätten. Natürlich weckte dieses in die dörfliche Idylle eingefallene Rieseninsekt mit seinen glotzenden Scheinwerfer-Augen schnell die Neugierde vieler, die Zeugen des unerwarteten Anflugs gewesen waren oder von der fremdartigen Existenz durch Zuruf erfahren hatten. Im Nu umgab ein Pulk von barfüßigen Kindern, hemdsärmligen Bauernburschen und schürzenbewehrten Mädchen das Gefährt, und mein Vater durfte nicht müde werden, Verdeck und Motorhaube abwechselnd aufzumachen und zu schließen, um immer wieder Einblick in das Innenleben des seltsamen Käfers zu gewähren. Aber offensichtlich genoß er das im Stolz auf sein neues Besitztum.

Enttäuscht war er indessen, daß kein Erwachsener sich unter die staunende Schar mischte, wenn man einmal von der bereits dreißig Lenze zählenden, aber ansonsten als recht schlichtes Gemüt geltenden Lena von der anderen Dorfseite absah. Sicher spielte bei dieser Zurückhaltung neben der Vorsicht gegenüber allem Neuen auch der Neid auf den Schulmeister eine gewichtige Rolle, weil er, der nicht gerade fürstlich entlohnte Beamte, sich als erster ein Auto leistete, wo es doch Bauern von hundert Morgen und mehr im Dorf gab. Nur hier und da öffnete sich ein Fenster, und die Zahl derer, die vor das Hoftor traten, um einen vorsichtigen Blick auf die Szene am Dorfteich zu riskieren, konnte man an einer Hand ablesen. Was blieb meinem Vater anders übrig, als mit dem jungen Volk als Publikum Vorlieb zu nehmen. Als einige ihn zu einer Probefahrt drängten, zögerte er zunächst, weil ihm die Mitfahrer nicht die passende Gesellschaft für eine solche Premiere zu sein schienen. Viel lieber hätte er unseren Nachbarn Otto Schattauer, der bei der Artillerie gedient hatte, oder Gustav Kühn, den zumindest gewisse Kenntnisse in Landmaschinen auszeichneten, an seiner Seite oder im Fond des Wagens gehabt, aber da beide der Erdboden verschluckt zu haben schien, gestattete er schließlich der Jugend, sich der freien Plätze im Auto zu bemächtigen. Das wiederum führte zu einem fast in eine Prügelei ausartenden Gerangel, weil es viel zu viele Interessenten für eine Probefahrt gab, und erst das Versprechen auf eine weitere Runde schuf hier Abhilfe.

Nachdem etwa acht junge Leute teils auf den Polstern, teils auch aufeinander sitzend den Innenraum gefüllt hatten, alle Arme und Beine so weit verschwunden waren, daß die Türen von außen geschlossen werden konnten, und mein Vater in der drangvollen Enge sich hinter dem Steuer genügend Bewegungsfreiheit verschafft hatte, startete das überladene Vehikel in Richtung auf die Kiesgrube, nahm schnaufend die Anhöhe, gewann an Fahrt und neigte sich bei der ersten Linkskurve bedenklich zur Seite, weil der Chauffeur offensichtlich die Fliehkraft des Autos und das Gewicht der Zuladung unterschätzt hatte. Dennoch schafften Fahrer und Wagen es gemeinsam, beim Geradeausfahren wieder in die Normallage zu geraten; jedoch schon nach fünfzig Metern, als die Fuhre sich vom Beisterschen Hof fort und auf das Edersche Gehöft zubewegte, begann weißlicher Rauch durch Spalten im Boden in das Innere des Wagens zu dringen, und auch um die Kühlerhaube und die außenseitlich montierten Ersatzräder herum fing es gefährlich an zu wabern.

In Sekundenschnelle befiel ob des Qualms und brenzlichen Geruchs die Insassen eine panikartige Angst, die sich in lautem Geheul Luft machte. Dazwischen hörte man vereinzelt Rufe wie „Herr Lehrer, et brennt!" oder „Loate Se uns rut!", womit man zu verstehen geben wollte, daß der Drang in die Freiheit groß war. Als gerade unser Nachbarssohn Fritz lauthals verkündete, daß seine kleine Schwester Erna, die seit Beginn der Fahrt auf seinem Schoß saß, vor Angst in die Hose und ihm die Knie naßgemacht habe, kam der Wagen endlich zum Stehen, die Türen flogen auf, und die Mannschaft stürzte nach allen Himmelsrichtungen davon.

Auch mein Vater suchte das Weite, weil er einen Motorbrand als Ursache des Qualms und Gestanks vermutete,

45

und schrie aus Leibeskräften nach dem Bürgermeister, damit jener als Oberhaupt der dörflichen Feuerwehr in Aktion trete. Hier nun zeigte sich, was Gemeinsinn auf dem Lande wert war! Neid hin, Neid her — den Schulmeister konnte man nicht trotz seiner hybriden Anwandlung in der Patsche sitzen lassen, und so rannte fast alles, was Beine hatte, in Richtung auf den Ort der Katastrophe, um irgendwie Hilfe zu leisten. Der Bürgermeister schwang, während er aus dem Hoftor eilte, energisch die Feuerglokke, Oma Salecker hatte sich ihrer Schürze entledigt und schwenkte sie als Notsignal über dem Kopf, und von den nächsten Höfen schleppten starke Bauernarme eimerweise Wasser herbei und gossen es — aus respektvollem Abstand, versteht sich — in breitem Schwall über das dampfende Blech-Ungetüm. Als nach einigen Minuten Emil Steinbacher, den die bürgermeisterliche Glocke noch in der Ferne des Abbaus mobilisiert hatte, mit dem Feuerhaken unter dem Arm auf seinem Wallach wie ein Ulan mit der Lanze zum Dorfeingang hereingesprengt kam, war die Gefahr bereits gebannt. Traurig stand der vorher noch so stolze Vogel, nun ein armseliges, nasses Huhn, in einer großen Wasserlache und gab nur noch ab und an leise zischende Laute als sozusagen letzte Lebensäußerungen vor dem Verenden von sich.

Niemand wagte es, sich dem Elendshaufen zu nähern, denn man konnte ja nicht wissen, ob nicht ein glimmernder Funke das Stahl- und Stoffgebilde zur Explosion bringen konnte. Auch mein Vater zog es vor, keine Ursachenforschung zu treiben, sondern dieses lieber einem Fachmann zu überlassen. Mit ein paar losen Zaunpfählen, die er vor und hinter dem immer noch pudelnassen Auto aufbaute, sicherte er den Unfallort und kehrte recht deprimiert in den Schoß der Familie zurück, während die herabsinkende Nacht alles mit ihrem verhüllenden Mantel umgab.

Es dauerte noch fast den ganzen folgenden Tag, ehe der telefonisch herbeigerufene Monteur der Stallupöner Autowerkstatt auf seinem Motorrad in das Dorf hineinkurvte, um sich des Unglücksraben anzunehmen. Mit elegantem Schwung nahm er die letzte Straßenbiegung und stoppte ebenso gekonnt kurz vor meinem Vater, der ihn am Straßenrand erwartete. In aller Ruhe erkundigte er sich nach den Symptomen des Patienten, erbat sich den Zündschlüssel und stieg – ohne auch nur die geringste Spur von „Schiß“ zu zeigen – auf den Fahrersitz. Ein kurzes Würgen des Anlassers – und, oh Wunder!, der Motor sprang an und lief, so als hätte es mit ihm nie die kleinste Schwierigkeit gegeben. Auch bei mehrmaligem Durchtreten des Gaspedals im Leerlauf zeigte sich nichts Abnormes, und so legte der Monteur vorsichtig den ersten Gang ein, rollte erst langsam, dann immer schneller werdend davon, wählte die lange Gerade der Dorfstraße als Avus-Ersatz, kam auf der anderen Seite des Teiches wieder zum Normaltempo und hielt schließlich nach einem knappen Kilometer am Ausgangspunkt seiner Fahrt. Dort stellte er den Motor ab, stieg aus und überreichte meinem Vater schweigend die Autoschlüssel. Als dieser ihn fragend anblickte, nahm er ihn ein wenig beiseite und flüsterte ihm, ohne daß die inzwischen herbeigeeilten Gaffer es verstehen konnten, etwas ins Ohr. Mein Vater wurde erst bleich, dann rot, schüttelte wiederholt den Kopf, so als wollte er das soeben Erfahrene nicht glauben, der Monteur aber schien unbeirrbar bei seiner Version zu bleiben. Lachend verabschiedete er sich, nahm zu der geforderten Entlohnung noch bereitwillig ein Trinkgeld in Empfang und schwang sich auf seinen Zweitakter. Während er davonknatterte, gab er den Landleuten noch eine Gratisvorstellung, indem er stellenweise freihändig fahrend und winkend in Richtung auf Stallupönen enteilte.

Natürlich rätselte man im Dorf herum, was dem blechernen Kasten denn nun eigentlich gefehlt hatte. Mein Vater gab auf Fragen nur ausweichende Antworten, und so blieb die Ursache der Panne eine Weile ein gut gehütetes Geheimnis. Es bedurfte schon eines schlauen Plans unseres Schneidermeisters Richard Schwan, der im Dorf den Ruf eines Schlitzohrs genoß, meinem Vater auf die Schliche zu kommen. Als die Männer von Buckschen im Zuge einer Gemeinschaftsarbeit einen Feuerlöschteich in Kassuben ausheben mußten, wobei alle Hände gebraucht wurden und der Schulmeister sich nicht ausschließen konnte, sah der gerissene Richard seine Stunde gekommen. Alle hatten tagsüber kräftig in die Hände gespuckt, so daß das Werk schon am Abend vollendet war, und es verstand sich von selbst, daß man hinterher den Erfolg im Noreikatschen Gasthaus gebührend begoß. Richard hatte sich dabei an die Seite meines Vaters manövriert und prostete ihm, der Alkohol gewöhnlich nur in spärlichen Mengen zu sich nahm, intensiv zu, sorgte insgeheim auch dafür, daß andere es ihm gleichtaten, und erreichte auf diese Weise, daß der Schulmeister in sehr aufgeräumter Stimmung, wenn auch auf merklich schwankenden Beinen, zusammen mit ihm den Heimweg antrat.

Es muß wohl zwischen dem Kassuber Wäldchen und dem Paderschen Gutshof gewesen sein, wo es dem cleveren Richard gelang, dem Beschwipsten das Geheimnis von der gelösten Zunge zu locken. Jedenfalls wußten am nächsten Tag alle im Dorf, daß mein Vater an jenem verhängnisvollen Tag bei der Probefahrt vergessen hatte, die Handbremse zu lösen, und daß der Qualm und Gestank des Autos nur daher rührte. So kam zu dem Schaden auch noch der Spott hinzu, und noch Monate später war vor jeder Fahrt in unserem Auto die Frage selbstverständlich: „Es de Brems oak los?"

Aradeck

Die elfte der Stallupöner Geschichten

Er hieß Claus Radeck und lebte mit uns, die wir als Marinehelfer vom Stallupöner Gymnasium nach Memel zur Flak-Artillerie eingezogen waren, in einer Batterie von Zehnkommafünf-Geschützen, welche Hafen und Stadt an

Haff und Nehrung von Norden her gegen Luftangriffe schützen sollten. Den Dienst an den Kanonen empfanden wir Sechzehnjährigen vor der Endphase des Krieges noch als Abwechslung von der Schule und als Auszeichnung zugleich: Ersetzten wir doch vollwertige Männer — oder versuchten es zumindest, denn die schweren Granaten im Salventakt in die Rohre zu wuchten, das gelang allenfalls den Kräftigsten unter uns. Die meisten fanden als Richtkanoniere oder bei der „geballten Intelligenz" im Rechenzentrum Verwendung.

Radeck oder „Aradeck", wie wir ihn wegen der Gewohnheit unseres Obermaats nannten, vor jedes R ein A zu setzen, hatte seinen roten Wuschelkopf voll Flausen. Immer zu Späßen aufgelegt, war er schnell Mittelpunkt in Bunkern und Baracken unserer Batterie. Er kam auf die tollsten Einfälle und gehörte zu den wenigen, die selbst unseren bärbeißigsten Maat gelegentlich zum Schmunzeln zu bringen vermochten. Als „Kalle", unser Poussierstengel, wegen eines Techtelmechtels mit einer Marinehelferin ein paar Tage in Einzelhaft „brummen" mußte, fand Aradeck einen Weg, ihn in seinem vier Quadratmeter großen Holzhäuschen neben der Wachstube mit Zigaretten und Lesestoff zu versorgen, indem er das Material unter den gewölbten Boden des Eßkübels klebte, den unser Maat persönlich dem Delinquenten in die Zelle schleppte. Beim „Gang nach Canossa", einer besonders gefürchteten Art des Strafexerzierens, wobei wir mit gekreuzten Armen unter dem Körper unsere Fußgelenke umklammern und in der Hocke die Betonstraße zum Geschützhügel „hochwandern" mußten, bewegte er sich so watschelnd wie eine Ente, daß wir bei dieser — Gott sei Dank nur selten verordneten — Tortur zuweilen sogar lachen mußten. Und stand „Flagge Luzie" auf dem Plan, was bedeutete, daß man innerhalb weniger Minuten bald im Turnzeug, bald im Drillich, bald im blauen Ausgehanzug antreten mußte, erschien er totsicher in einer Aufmachung, die einer karnevalistischen Verkleidung ähnlich sah, ihm aber wegen der Originalität des Einfalls noch nicht einmal eine Strafe eintrug.

Wenig Sympathie brachte Aradeck dem Schulunterricht entgegen, der von Montag bis Freitag jeweils drei bis vier Stunden in einer Baracke am Eingang zum Batteriegelände stattfand. Zu gut dreißig Mann saßen wir in drei Tischreihen hintereinander und ließen Deutsch, Geschichte, Mathematik und Latein über uns ergehen. An jedem Vormittag wurde ein Lehrer von Memel mit einem Militärwagen zu uns nach Tauerlauken herausgefahren und nach Absolvierung seiner Pflicht wieder zurückgebracht. Das ging so lange problemlos, bis eines Tages eine Chemielehrerin angekündigt wurde, die uns in Ermanglung von Experimentiergeräten und Chemikalien mit „Kreidechemie" auf die Sprünge helfen sollte.

Gelangweilt saßen wir in der Unterrichtsbaracke und harrten des neuen pädagogischen Wesens, das sich zu verspäten schien. Aradeck, der von Chemie keine blasse Ahnung hatte, sann indessen auf eine Möglichkeit, diesem Fach zu entgehen. Da sich herumgesprochen hatte, die Lehrerin sei noch recht jung und im Umgang mit Schülern unerfahren, setzte er auf die Taktik des Verwirrspiels und fand begeisterten Zuspruch. Als die junge Dame — sie wirkte wie eine schüchterne Zwanzigjährige — über die Schwelle trat, saßen wir alle in Reih und Glied an unseren

Tischen, hatten die linke Backe in die linke Hand und den Ellenbogen auf die Tischplatte gestützt und machten keine Anstalten, uns zu Ehren der Eintretenden, wie das sonst bei der Begrüßung eines Lehrers üblich war, zu erheben. Verdutzt blieb unser neues Fräulein an der Tür stehen und sagte kein einziges Wort. Da kommandierte Aradeck von der letzten Bankreihe her „Drei, vier", und im preußischen Takt wechselten wir unsere Position in der Weise, daß nun die rechte Hand die rechte Wange stützte, was eine noch größere Ratlosigkeit auf seiten der uns zugedachten Lehrperson verursachte. Wie vom Donner gerührt stand sie da, und erst, als in die erneut entstandene Stille hinein Radecks Baßstimme verkündete: „Die möcht' ich heiraten!", kam wieder Leben in das Fräulein Lehrer: Ihr Kopf lief hochrot an, sie machte auf ihren Stöckelschuhen eine knappe Kehrtwendung und verschwand auf Nimmerwiedersehen.

Ihre Beschwerde beim Batteriechef brachte uns eine Viertelstunde Strafexerzieren Marke „Gang nach Canossa" ein. Vom Chemieunterricht blieben wir aber unsere ganze weitere Flakzeit über verschont.

Spracherziehung in Jurgeitschen

Die zwölfte der Stallupöner Geschichten

Meine Tante Lotte, eine Frau von resolutem Wesen, unübersehbarer Körperfülle und begabt mit einer stattlichen Kinderschar, die sie der ungebremsten Leidenschaft ihres Mannes, Bauern und Schmiedemeisters Willy Meyhöfer zu verdanken hatte, gehörte zu den gar nicht so seltenen Menschen unserer Gegend, denen es nicht am Streben nach Höherem fehlte. Diese Neigung wurde bei Tante Lotte besonders im Umgang mit ihren Kindern deutlich, drei Lorbassen und vier Marjellens, deren Hauptvergnügen — zumindest bis zu ihrer Konfirmation — darin bestand, den ganzen Nachmittag über in der nahen Kiesgrube zu spielen oder im Modder des Dorfteiches von Jurgeitschen zu wühlen und meist erst zum Abendessen ziemlich beschmiert und rotznäsig in die Küche einzufallen, um sich hungrig über die von ihrer Mutter bereitgehaltenen Brote oder die Klunkersuppe herzumachen.

Ständig war Tante Lotte bemüht, sie Mores — oder wie man bei uns sagte: Moritz — zu lehren, damit später etwas Ordentliches aus ihnen werden konnte, worunter sie Beamte aller Art, besonders Förster, und im Falle der Mädchen gut präparierte Bäuerinnen verstand. Ansätze zu einer solchen Entwicklung sah sie allerdings nur spärlich, denn ihre Rangen benahmen sich nicht nur so, als wären sie mit dem Dämelsack geschlagen, sondern redeten auch in einer Art daher, daß ihr die Haare oft zu Berge standen.

Nun muß man wissen, daß das mit der Sprache in den östlichen Kreisen unserer Provinz und besonders im Stallupöner Landstrich so eine Sache war. Man redete mit seinesgleichen ein Platt, das dem niederdeutschen Originalton ähnelte, aber wegen der Vielfalt des Herkommens der Bewohner doch manche Besonderheiten enthielt. Im Unterschied zu den Hamburgern s-tolperten wir nicht über den s-pitzen S-tein, aber wir „schepften" die Suppe mit dem „Leffel", wenn wir ins Hochdeutsch rutschten. Das breite „Ei" war möglicherweise ein Importartikel aus Salzburg, unübersehbar waren auch litauische Bestandteile, und da die Litauer wiederum im Laufe ihrer Geschichte — oft eher ungewollt als gewollt — mit Polen und Russen verbandelt waren, hatten auch jene Völker ihren sprachlichen Niederschlag bei uns gefunden. Meine Mutter nannte meinen Vater bei Anflügen von Zärtlichkeit liebevoll „Paukstitel", was so viel wie „mein Vögelchen" bedeutet, mich rief man, weil ich als Kind schmächtig war, nur „Hemske", womit eine Ameise gemeint war. Ein Spitzbart hieß „Kosebart", da die Ziegen, die „Kose", einen solchen trugen. Vom Birnbaum fielen „Kruschken", mit „Glumse" meinte man Quark, auf dem Rücken trug man nicht ein Bündel, sondern „e Pungel", und einen bösen Buben nannte man „Kret" oder „Luntrus".

Eigentlich war es eine sehr melodische Sprache, das Platt unserer Gegend. Kritisch wurde es nur, wenn — wie in der Schule oder im Umgang mit Fremden — die Notwendigkeit bestand, ins Hochdeutsch überzuwechseln. Dann hatten besonders die Leute auf dem Lande, die hierzu weniger oft gezwungen waren als die Städter, mit dem Mir und dem Mich, dem Dir und dem Dich ihre liebe Not, weil das Platt für beide Fälle nur das „Mi" und das „Di" kannte. Unseren Bürgermeister Jörje zum Beispiel, der sich gelegentlich als Textdichter versuchte, konnte man zur Abendstunde singen hören: „Eins, zwei, drei, vier — Mutter mach die Lampe an, ein Floh beißt mir ...", wobei es ihm im Traum nicht eingefallen wäre, daß jemand sein Lied sprachlich nicht ganz korrekt hätte finden können. Diese Verwechslung von mir und mich wurde zwar durch die nachweisbare Tatsache kompensiert, daß „mein" und „dein" bei uns weniger oft verwechselt wurde als anderswo, aber peinlich konnte die Ungenauigkeit schon werden, und Fremde rümpften über unsere Kasusstolperei im Hochdeutschen häufig die Nase, weil sie deren Ursache nicht kannten.

Tante Lotte nun, die wir bei dem Geschabbere über die Sprache fast aus den Augen verloren haben, bemühte sich sehr darum, ihre Kinder an die Äußerungsform der Gebildeten, wofür sie das Hochdeutsch hielt, heranzuführen. Immer wieder ermahnte sie sie, sich doch endlich daran zu gewöhnen, hochdeutsch zu sprechen, sobald fremde Leute auf dem Meyerhöfschen Hofgelände einkehrten, besonders solche, die aus der Großstadt kamen oder gar die „hohe Schule", also das Gymnasium besucht hatten. Eines Tages erwartete sie in Jurgeitschen den Besuch ihrer Cousine Meta Jedinat, die das Schicksal in ihrer Jugend nach Berlin verschlagen hatte, wo sie als Frau eines wohlhabenden Kolonialwarenhändlers schon seit vielen Jahren Salz, Mehl, Zucker, Zichorie und ähnliche den menschlichen Bedürfnissen förderliche Lebensmittel über den Laden-

tisch reichte. Alle vier bis fünf Jahre packte Meta das Heimweh. Dann fuhr sie für zwei Wochen nach Stallupönen, besuchte reihum die in Stadt und Land zurückgebliebene Verwandtschaft, wozu auch Lotte Meyhöfer gehörte, und versuchte, aus den Wurzeln ihres Herkommens neue Kraft für die nächsten Jahre zu ziehen. Für Lotte war sie so etwas wie die Verkörperung von Urbanität, denn im Laufe der Jahre hatte Meta gewisse städtische Umgangsformen angenommen und „berlinerte" inzwischen auch gewaltig.

Als die Cousine mit einem „Einspänner", den sie sich von ihrem Vater geliehen hatte, auf den Meyhöferschen Hof gefahren kam, sah sie sich bald von der Kinderschar Lottes umringt, die den seltenen Gast wie ein Weltwunder bestaunte. Jeder wollte der „Tante" aus Berlin die Reisetasche tragen, denn das junge Volk ahnte natürlich, daß die Kolonialwarenhändlersgattin nicht ohne Süßigkeiten anreiste, die ihr eine schnelle Kontaktaufnahme mit den Kindern der Verwandtschaft ermöglichten. Hineingeleitet in die gute Stube, wo schon der gedeckte Kaffeetisch wartete, mußte sie zunächst Fragen nach ihrem Ergehen beantworten, und sie ihrerseits durfte es nicht an der Feststellung fehlen lassen, wie groß doch inzwischen die Kinder geworden waren, besonders die Zwillinge Gerda und Irmchen, die sie von ihrem letzten Besuch her als winzige Wesen in Erinnerung hatte. Die beiden Mädchen sahen in dieser besonderen Erwähnung eine Auszeichnung vor den Geschwistern und wurden immer zutraulicher. Irmchen faßte die Hand der Tante, zog sie zum Kaffeetisch und wollte sie zum Hinsetzen veranlassen, vergaß dabei aber, daß ihre Mutter allen Kindern eingeschärft hatte, mit dem Gast hochdeutsch zu reden, und sagte daher: „Huck di man hen, Tante!" Darauf übernahm ihre Schwester Gerda die Rolle der Mutter und fuhr Irmchen an: „Das heißt nicht: huck di hen!, das heißt: setz dir hin!"

Tante Lotte rollte die Augen gen Himmel und rang mit den Händen. Meta Jedinat aber konterte Gerdas Eingriff in die Sprachgestaltung ihrer Zwillingsschwester, indem sie tröstend erklärte: „Laß ihr man, ick vasteh ihr schon!"

Letzte Hilfe

Die dreizehnte der Stallupöner Geschichten

Felix Sembach, genauer gesagt Doktor Felix Sembach, unser alter Arzt aus Trakehnen, ein Mannsbild mit Rauschebart und von einer solchen Körperfülle, daß sich Schneidermeister Mirbach schon seit Jahrzehnten genötigt sah, ihm die unteren Westenknöpfe seiner neuen Anzüge auf Zuwachs weiter nach außen zu setzen, als es üblich gewesen wäre, Felix Sembach also hatte nach einem arbeitsreichen Leben und dem Verlust seiner Frau seinen Wirkungskreis samt Praxiseinrichtung dem um dreißig Jahre jüngeren Kollegen Gotthold Birnbacher übergeben und verbrachte, nun schon auf das achte Lebensjahrzehnt zugehend, zurückgezogen vom großen Weltgetriebe seine Zeit in der beschaulichen Abgeschiedenheit seines Alterssitzes, des Trakehner Arzthofes, von dem er, wenn er Lust hatte, zwar noch am Wohl und Wehe seiner ehemaligen

Patienten Anteil nehmen konnte, aber doch weit genug von den Querelen des Alltagsbetriebs entfernt war, als daß sie ihm hätten lästig werden können.

Gut versorgt von seiner Schwester Magdalene, die, obwohl auch schon weit über die Sechzig hinaus, Wert darauf legte, als Fräulein Sembach angeredet zu werden, konnte er sich stundenlang seinen Lieblingsbeschäftigungen, der Gartenpflege und der Bienenzucht, hingeben, wobei es vorkam, daß er über seine Tätigkeit als Gärtner und Imker die Mahlzeiten zu versäumen drohte und es mehrfacher Aufforderungen Magdalenens durch das geöffnete Küchenfenster bedurfte, ihn an den Mittagstisch zu bringen. Schnaufend stieg er dann die Steintreppe zum Haus empor, brummte so etwas wie „Schiet" oder „Kannst nich wachte?" und tauchte erst in das Dunkel des Hauses ein, nachdem er seinem Schimmel freundlich zugenickt hatte, der in der Regel im Roßgarten neben der Scheune weidete oder durch die obere geöffnete Klappe der Stalltür zu ihm herüberblickte.

Sein Schimmel war ihm im Grunde genommen der letzte Vertraute aus der Zeit seiner ärztlichen Tätigkeit. Tagaus, tagein war er mit ihm auf die Dörfer rund um Trakehnen zu Patientenbesuchen gefahren, und auch wenn er nachts herausgerufen worden war, hatte das treue Tier ihm nicht den Dienst versagt. Vor gut zehn Jahren war ihm das damals noch junge Pferd, das einen russischen Brand auf der linken Hinterhand trug und auf geheimnisvollen Pfaden in den Kreis Stallupönen gekommen zu sein schien, zum Kauf angeboten worden, und er hatte zugegriffen, weil er ein Freund des Besonderen war: Unterschied sich doch sein „Schimmelchen", wie er das Tier seit der Inbesitznahme nannte, von den rassigen, schlankhälsigen „Trakehnern" wie ein Bierfaß von einer Sektflasche. Rund und drall federte das Hinterteil zwischen den Deichselstangen des Kutschwagens beim Schrittgehen, und wenn der Arzt kurz die Leine auf den Rücken des Pferdes klatschen ließ, setzte es sich in Trab, schüttelte die weiße Mähne und wippte dazu mit gespitzten Ohren.

Als die ersten Autos im Kreis auftauchten und der eine oder andere Kollege sich eines solchen modernen Fortbewegungsmittels bediente, wies Felix Sembach alle Ansinnen, auf ein derartiges Vehikel umzusteigen, weit von sich und überließ es seinem Nachfolger, motorisiert durch die Dörfer zu rattern.

Seitdem genoß das Schimmelchen das Gnadenbrot und wurde nur noch zu gelegentlichen Spazierfahrten angespannt. Dabei geschah es immer wieder einmal, daß dem Wagenlenker bei der Heimfahrt die Augen zufielen und er ein Nickerchen machte, während das Schimmelchen weitertrabte, zwischendurch auch mal die Gangart wechselte und ohne besondere Instruktion seitens seines Herrn die richtige Chaussee an den Kreuzungen wählte. Der Anblick des seltsamen Gefährts mit dem schlafenden Arzt darin war für die Leute des Kirchspiels Enzuhnen nichts Besonderes, und keiner griff ein, denn das Tier machte so sicher und umsichtig seinen Weg, daß keine Gefahr eines Unfalls zu befürchten war. Auf dem heimatlichen Hof und vor die breite Steintreppe gelangt, blieb das Pferd stehen und wartete, bis Felix Sembach erwachte, aus dem Wagen stieg, ihm einen Klaps auf die Kruppe gab und es ausschirrte.

Es muß ein heißer Augusttag gewesen sein, an dem der Arzt mittags länger geruht hatte, als es seine Gewohnheit war. Er hatte den Vormittag zwar im schattigen Teil seines Gartens zwischen Johannisbeeren und Sauerkirschen zugebracht, aber dennoch war ihm die Hitze so unter das Hemd gekrochen, daß er schweißgebadet ins Haus zurückgekehrt und nach dem Essen sofort ins Bett gegangen war, ohne — wie üblich — den „Grenzboten" gelesen zu haben. So gegen halb vier öffnete Magdalene die Tür zu seinem Schlafzimmer zögernd einen Spalt, um zu sehen, ob ihr Bruder immer noch fest schlafe. Dieser befand sich gerade zwischen Traum und Erwachen, bemerkte die Bewegung an der Tür und fragte aus dem Kissengebirge heraus: „Wat es?" Magdalene schob die Tür noch etwas weiter auf, steckte den Kopf ins Zimmer und teilte dem

Schlaftrunkenen mit, daß der Bauer Heinrich Mickoleit aus Rittigkeitschen dringend seine Hilfe brauche, weil bei seiner Frau am Vormittag die Wehen eingesetzt hatten. Zunächst sei alles normal verlaufen, die herbeigerufene Hebamme, die Waldukatsche, habe aber nach etlichen gemeinsamen Bemühungen mit der Gebärenden feststellen müssen, daß die vertrakte Lage des Kindes und der Puls der werdenden Mutter einen Arzt erforderlich machten. So hatte die Paula Waldukat den Bauern zum Telefon beim Bürgermeister Didlaukis geschickt, und da in der Arztpraxis in Trakehnen niemand zu erreichen war, weil – wie man später erfuhr – der junge Nachfolger bei einem Patientenbesuch hinter Pakallnischken mit Vergaserbrand liegengeblieben war, hatte das Telefon bei Doktor Sembach Alarm zu läuten begonnen.

Der alte Arzt gab seiner Schwester ein Zeichen, daß er kommen werde, erhob sich taumelnd und kleidete sich an. Mit seiner Instrumententasche, deren Äußeres durch den jahrelangen Gebrauch eher einem farblosen Sack als einem Handkoffer glich, begab er sich aus dem Haus und zum Wagen, vor den inzwischen Magdalene das Schimmelchen gespannt hatte, und fuhr in Richtung Rittigkeitschen davon.

Nicht oft, so überlegte er unterwegs, hatte er früher der Hebamme Paula Waldukat beispringen müssen. Sie war eigentlich eine resolute Person und kannte ihr Metier durchaus. Nur wenn es bei Geburten zu Notsituationen kam, dessen war er sich sicher, hatte sie seine Hilfe in Anspruch genommen, und das war in den letzten zwanzig Jahren nicht mehr als ein dutzend Mal gewesen. Wenn nach schwerem Ringen Mutter und Kind wohlversorgt in Bett und Wiege lagen, hatten sie sich stets angelächelt, und sie hatten auch gemeinsam getrauert, wenn trotz ihrer beider Bemühungen der Tod Sieger geblieben war. Nie hatte er Anlaß gehabt, die Hebamme wegen einer falschen Entscheidung zu tadeln, und deshalb war er ihrem Ruf auch diesmal ohne Zögern gefolgt, obwohl die Fahrt durch die nachmittägliche Sonnenglut für ihn eine Strapaze bedeute-

te. Längst hatte er sich seines Rockes entledigt, und wenn
auch der leichte Fahrtwind etwas Kühlung zu bringen
schien, standen ihm dennoch Schweißperlen auf der hohen Stirn.

Schon auf der von Pappeln gesäumten Zufahrt zum
Mickoleitschen Hof sah er den Landwirt am Hoftor wild
gestikulieren, und als der Wagen in Hörweite geraten war,
rief der Mickoleit ihm entgegen, daß seine Frau sich in einer schlimmen Verfassung befinde. Die Anstrengungen
des Pressens hätten sie erschöpft, und die Erfolglosigkeit
aller bisherigen Bemühungen sei ihr so aufs Gemüt geschlagen, daß sie — wie er sich ausdrückte — rein wie eine
tote Fliege auf dem Bettlaken daliege. Wortlos übergab

Felix Sembach dem aufgeregten Mann die Zügel, stieg vom Wagen und verschwand mitsamt seiner großen Tasche im Haus.

Der Bauer löste die Deichselgurte, führte das Pferd in den Schatten einer großen Kastanie in der Hofecke, holte einen Eimer voll Wasser aus dem Stall, damit das Tier seinen Durst stillen konnte, und wartete draußen nebem dem Arztwagen ab, was drinnen geschah. Die nächste Stunde erschien ihm wie eine Ewigkeit. Er hörte das Geklapper der Töpfe in der Küche, in der die Nachbarin Grete Schumacher hantierte, um heißes Wasser bereitzuhalten, er vernahm kurze Rufe, mit denen der Doktor offenbar der Hebamme Anweisungen gab, und wenn die Schreie der Gebärenden nach außen drangen, hielt er sich die Ohren zu. Ja er ertappte sich sogar dabei, daß er das Kreuz schlug, was er zuletzt in Nachahmung seines katholischen Großvaters bei einem Besuch in Eydtkuhnen getan hatte. Vielleicht hilft es, dachte er, und schaden würde es auf keinen Fall. Die Erlösung aus seinem Angstzustand kam erst, als Grete Schumacher zusammen mit der jungen Magd einen Korb Wäsche quer über den Hof zur Waschküche im Stallanbau trug und ihm dabei zurief: „Et es e Jung!" Weil man ihn über das allgemeine Durcheinander im Haus glatt vergessen hatte, erfuhr der Mickoleit so mit einer Viertelstunde Verspätung, daß er Vater geworden war, aber da er immer noch nicht so recht an eine glückliche Wendung der Dinge für seine Frau Elsbeth glauben wollte, wagte er nicht, ins Haus zu gehen, sondern blieb draußen, bis der alte Arzt mit der Tasche im Türrahmen erschien, langsam zu seinem Wagen ging und ihm mit der Hand ein Zeichen gab, er könne das Schimmelchen wieder anschirren. Mit den Worten „Dine Fru es dem Dod noch mol von de Schipp jesprunge!" stieg er ein, ergriff die Leine, winkte dem immer noch sprachlosen Mickoleit zu und lenkte den Wagen durch das Hoftor davon.

Als Felix Sembach den Anfang der langen Trakehner Chaussee erreichte, hatte sich die Augustsonne schon bis auf eine Handbreit über den grünen Kronen der Eichen an den weiten Koppeln gesenkt, auf denen sich einige Fohlen mit munteren Sprüngen tummelten, während die Stuten im Schatten der Bäume weideten. Das Schimmelchen trabte, ohne von den Artgenossen Notiz zu nehmen, auf dem Sommerweg dem heimatlichen Stall entgegen, und der Arzt konnte sich ungestört seinen Gedanken hingeben. Zu sehr war er noch mit den zurückliegenden Anstrengungen beschäftigt, als daß ihm seine Bienen in den Kopf gekommen wären, denen er sich am Nachmittag eigentlich hatte widmen wollen. Er versuchte sich zu erinnern, wann er im Laufe seines Berufslebens in eine ähnliche Situation geraten war, aber er war sich keines Falls bewußt, in dem er so hart mit dem Tod gerungen und dann doch noch triumphiert hatte. Wäre Felix zwanzig Jahre jünger gewesen, er hätte seinem Widerpart in Richtung Friedhof die Zunge ausgestreckt oder „Ätsch, ätsch!" gerufen. Da er aber die Zeiten des Übermuts hinter sich hatte, begnügte er sich mit einem tiefen Durchatmen und einem verstohlenen Blick zum Himmel. Der Gedanke, in seinem Alter noch einmal einen solchen Erfolg erlebt zu haben, gab ihm eine tiefe Befriedigung, und sowohl dieses Glücksgefühl als auch die Strapazen der letzten Stunden ließen ihn die Augen schließen und das Schimmelchen allein seinen Weg machen. Als das Tier seinerseits eine Ermüdung verspürte, fiel es aus dem Trab in den Schritt zurück, ohne daß Felix Sembach dieses registriert hätte. Nur einmal, ehe der Wagen auf das Arztgrundstück einbog, begegnete den beiden ein Radfahrer, der Briefträger Jordan, dem es aber beileibe nicht in den Sinn gekommen wäre, den schlafenden Doktor durch einen lauten Gruß in seiner Ruhe zu stören. Er hatte selbst sehr unter der Hitze des Tages gelitten und daher großes Verständnis für den Schlaf des Alten.

So gelangte das Pferd auf den heimischen Hof und vor die Steintreppe, machte dort halt und wartete darauf, daß sein Herr und Weggefährte aufwachen und aussteigen würde. Geduldig wie immer blieb das Schimmelchen auf der Stelle stehen und wehrte nur gelegentlich lästige Fliegen ab, indem es kurz mit dem Kopf zuckte oder mit dem

Schwanz einmal nach rechts und einmal nach links schlug. Es mochte so eine halbe Stunde gewartet haben, ohne daß sich auf dem Fahrersitz etwas geregt hatte, als Magdalene Sembach vom Landweg nach Kurplauken her, wo sie eine Freundin besucht hatte, auf den Hof trat und das Gespann erblickte. „Da ist er doch wieder einmal beim Fahren eingeschlafen!" ging es ihr durch den Sinn, als sie ihren Bruder mit hochgezogenen Schultern und vorwärtsgeneigtem Kopf auf der Bank des Wagens sitzen sah. Behutsam trat sie heran, um dem Ruhenden die schlaff herunterhängende Leine aus den Händen zu nehmen. Sie zog vorsichtig an dem Gurt, aber die Finger wollten sich nicht öffnen, und als sie in das Gesicht ihres Bruders blickte, gewahrte sie, daß der Tod nicht nur die Hände hatte leblos werden lassen, sondern bereits um Augen, Mund und Nase des alten Arztes seine Linien zu zeichnen begann ...

Im Dorf sprach es sich schnell herum, daß Freund Hein den streitbaren Felix Sembach doch noch eingeholt hatte. Zur Beerdigung fanden sich viele ein, denen der Arzt ein Freund und Helfer gewesen war. Das Schimmelchen aber, das seinem Herrn bis zu dessen letzten Atemzügen verbunden geblieben war, durfte ihm auf seinem letzten Weg einen besonderen Freundesdienst erweisen. Mit dem Kopf nickend schritt es durch das Menschenspalier auf dem Friedhof und zog hinter sich den Wagen mit dem Eichensarg zur Grabstelle, wo Felix Sembach von seinen Lebensmühen ausruhen sollte. Als zu dem Lied „So nimm denn meine Hände" die Erdklumpen polternd von den Schaufeln auf den Sargdeckel in der Grube schlugen, hob das Tier den Kopf, schüttelte die Mähne und wieherte dabei mehrmals kurz, als merke es, daß dieser Abschied von seinem Herrn endgültig war.

Das jedenfalls behauptete nach der Beerdigung der Gestütswärter Kallweit, dem man das Schimmelchen in die Obhut gegeben hatte. Und der Paul Kallweit mußte es ja wissen, denn er kannte sich nicht nur mit dem Innenleben von Trakehnerstuten aus, sondern sicher auch mit russischen Pferdeseelen.

In der Geisterecke

Die vierzehnte der Stallupöner Geschichten

Teufel, Hexen und Gespenster aller Sorte trieben, wie jedermann weiß, in früheren Zeiten weitaus häufiger ihr Unwesen als heute. Wahrscheinlich entfalteten unsere Altvordern eine größere Phantasie bei allem, was in den Kreis des Rätselhaft-Unwirklichen hineingehörte, weil sie eine stärkere Bindung an biblische Bilder oder gar noch rudimentäre Erinnerungen an heidnische Kulte besaßen. Der naturwissenschaftlich-technische Fortschritt hat uns Kindern der modernen Zeit manche Erklärung für Zusammenhänge geliefert, die einst den Menschen Rätsel aufgaben, und er hat damit zugleich unsere Einbildungs- und Vorstellungskraft in jener Hinsicht arg schrumpfen lassen. So künden heute oft nur noch alte Berichte von unheimlichen Vorgängen und von Menschen, die mit ihnen in Verbindung gerieten.

Was die älteren Stallupöner betrifft, so stellten sie in ihrem Verhältnis zum Übernatürlichen keine Ausnahme dar. Allenthalben wußte man von jemandem zu berichten, der das zweite Gesicht besaß, zur Spökenkiekerei neigte, sich im Gesundbeten versuchte oder auf eine innere Stimme baute. Ein besonders fruchtbarer Boden für übernatürliche Kräfte schien die Gegend zwischen Urbszen und Milluhnen zu sein, denn dort wimmelte es geradezu von Sonderlingen, denen man nachsagte, der Umgang mit divinatorischen und diabolischen Elementen sei ihnen fast zur zweiten Natur geworden.

Mein Großvater zum Beispiel, der als ein aufgeklärter Mensch hätte gelten können, aber eben aus jener Gegend stammte, berichtete noch im hohen Alter mit todernster Miene von haarsträubenden Dingen, die sich in seinem Heimatbezirk zugetragen haben sollen. Als Junge, so behauptete er, sei er Zeuge gewesen, wie der alte Robinski auf Wunsch seiner Nachbarn auf dem Friedhof bei Schillupönen gegen die Schweinepest nachts ankämpfte, indem

er mit einer langen Stange in einem zusammengefallenen
Grab herumstocherte. Nach kurzer Zeit habe sich ein
fürchterliches Getöse über der Grabstelle erhoben, das alle
Anwesenden — den Robinski ausgenommen — veranlaß-
te, ihre Schlorren in die Hand zu nehmen und schleunigst
das Weite zu suchen. Ob durch diese nächtliche Aktion
die Schweinepest an Kraft verloren hatte, das wußte mein
Großvater nicht mehr zu sagen. Ein andermal wollte er
zugegen gewesen sein, als Modreggers Oma, eine mit ma-
gischen Kräften begabte Kätnerin, dem zu epileptischen
Anfällen neigenden Kurtchen zu helfen versuchte, indem
sie über ihm, als ihn die Krämpfe gepackt hatten, einen ge-
schlachteten Hahn an den Beinen hin- und herpendeln

ließ, während aus dem kopflosen Rumpfstück noch die letzten Blutstropfen auf das arme Opfer der Krankheit träufelten.

Hätte ich bei den Berichten meines Großvaters noch Zweifel gehabt, weil sich in ihnen zuweilen die Grenze von Realität und Unwirklichem zu verwischen schien, so waren meine Eltern absolut glaubwürdig, denn sie lebten, von gelegentlichen schwärmerischen Anwandlungen bei meiner Mutter einmal abgesehen, sehr wirklichkeitsbezogen. Und doch war auch ihnen das Unerklärbare einmal in Gestalt eines rätselhaften Vorgangs in jener Gegend begegnet. Sie fuhren an einem späten Novemberabend mit unserem Wallach von Stallupönen über die Milluhner Chaussee nach Hause. Nebelschwaden breiteten sich über die Felder rechts und links der langgezogenen Straße, und es war kein anderes Geräusch vernehmbar als das gleichmäßige Rollen der Räder des Kutschierwagens und die hart dazwischengesetzten Hufschläge des brav wie immer dahintrabenden Pferdes. Plötzlich — es muß nahe der Urbszer Dorfgrenze gewesen sein — stockte das Tier so abrupt, daß der Wagen ihm durch das Bremsmanöver das Geschirr fast vom Leib gerissen hätte. Meine Eltern fuhren entsetzt hoch, sie sahen jedoch nichts als Nebel, der sie die ganze Zeit über bereits begleitet hatte. Das Tier aber tat so, als stehe es vor einer Wand, die die Weiterfahrt versperrte. Alles gute Zureden und Klatschen mit den Zügeln half nichts; der Wallach wäre eher nach einer der Seiten ausgebrochen, als daß er einen Schritt nach vorn gemacht hätte. Meinem Vater blieb nichts anderes übrig, als vom Wagen zu steigen, das Pferd am Halfter zu packen und es so, vorausgehend, hinter sich herzuziehen. Kaum war das Gefährt ein paar Meter weitergekommen, als der Wallach — wie von einem Alpdruck befreit — wild vorwärtsschoß, so daß mein Vater Mühe hatte, auf das Trittbrett des Wagens zu gelangen. Die letzten Kilometer bis zu unserem Hof legte das Tier fast im Galopp zurück, und als es endlich ausgeschirrt und in den Stall geführt wurde, lief ihm der Schweiß in breiten Streifen über die Flanken.

Bis spät in die Nacht hinein sprachen meine Eltern über das seltsame Verhalten des Wallachs miteinander, fanden aber keine Erklärung dafür. Das änderte sich sofort am nächsten Morgen, als die Nachricht eintraf, daß die Großmutter in Urbszen am Abend zuvor gestorben war, also zu einer Zeit, als meine Eltern sich mit dem Wagen auf der Straße in ihrer Nähe befunden hatten. Was Wunder, wenn die Erwachsenen fortan einen mysteriösen Zusammenhang zwischen beiden Ereignissen sahen und die Auffassung vertraten, das Tier müsse etwas gesehen haben, was ihnen selbst verborgen geblieben war. Nicht nur ihnen, sondern auch uns Kindern lief, wenn sie später von der Novemberfahrt berichteten, noch nachträglich eine Gänsehaut über den Rücken. Ausgestattet mit solchem Vorwissen über die Unheimlichkeit jener Gegend, durchfuhren wir Kinder, wenn wir allein mit dem Fahrrad die Strecke zwischen Stallupönen und unserm Dorf zurückzulegen hatten, den Abschnitt von Milluhnen bis hinter Urbszen nur mit einem gewissen Unbehagen, und dieses besonders dann, wenn es zu dunkeln anfing. Unwillkürlich traten wir schneller in die Pedalen, und kam die Ecke in Sicht, an der wir zu wählen hatten, ob wir die Abkürzung über den Landweg vorbei am Kinderlauker Friedhof oder die sichere, jedoch einen guten Kilometer weitere Chaussee über Padern fahren wollten, fiel die Entscheidung in der Regel zugunsten des Umwegs aus, sobald es schummrig zu werden begann.

Einmal allerdings hatte mich das Grauen zur hellen Mittagsstunde zu packen bekommen. Ich mochte vielleicht sieben oder acht Jahre alt gewesen sein, als ein kleines Mädchen aus dem Insthaus des Landwirts Eder an Diphtherie erkrankte und, weil es an schneller ärztlicher Hilfe gefehlt hatte, ein Opfer dieser damals noch sehr gefürchteten Krankheit wurde. Da es uns Kindern untersagt war, wegen der noch immer bestehenden Ansteckungsgefahr das Sterbehaus zu betreten, konnten wir dem dahingegangenen kleinen Wesen erst einen Besuch abstatten, als es schon längst der Rasen deckte. Versehen mit einem Sommerblumenstrauß aus unserem Garten, wanderte ich in Begleitung einer Spielgefährtin, der pausbackigen Irmela, zum Dorf hinaus in Richtung des abseits auf einem Hügel gelegenen Friedhofs. Es ging auf Mittag zu, die Luft flimmerte in der gleißenden Sonne, und nur gelegentlich wurde die ländliche Stille durch das schwache Klappern einer Mähmaschine aus der Ferne unterbrochen. Als wir uns schon dem Anstieg des von einer hohen Buchsbaumhecke umgebenen Friedhofsgeländes genähert hatten, stand urplötzlich neben dem Eingang zur Gräberstätte eine dunkel gewandete weibliche Gestalt, die zu winken schien und dabei schrille Töne ausstieß. Ich weiß nicht mehr, ob uns Kindern der Gedanke durch den Kopf fuhr, dieses müsse wohl die Kornmuhme sein, die wir mit der Mittagstunde und mit Getreidefeldern in Verbindung brachten und vor der man uns so oft gewarnt hatte. Auf alle Fälle waren wir überzeugt, daß das Winken dieser Todesdämonin uns galt, und wir rannten, von der Angst und der Vorstellung gepackt, sogleich von ihr eingeholt zu werden, in Richtung unseres Dorfes davon.

Noch ganz außer Atem kamen wir daheim an und berichteten, was uns auf unserem Gang zum Friedhof widerfahren war. Meine Mutter hörte sich unsere stockend vorgetragene Geschichte an, konnte sich aber keinen Reim darauf machen, denn sie wußte genau, daß wir alle Dorfbewohner kannten und nicht vor irgendeinem von ihnen Reißaus genommen hätten. Auch für das seltsame Gebaren der unheimlichen Gestalt wußte sie keine Erklärung, und so blieb das ganze eine Zeitlang ihr ein Rästel und uns eine Warnung, nicht wieder in die Nähe des Friedhofs zu geraten.

Vielleicht wäre es nie zur Aufklärung des Falles gekommen, wenn meine Mutter nicht einige Wochen später bei einem Besuch im Hause des Landwirts Eder, dessen Hof am Dorfrand zum Friedhof gelegen war, die seltsame Geschichte zur Sprache gebracht hätte. Sie löste zunächst bei der Hausfrau große Heiterkeit aus, aber dann kam aus Mutter Eders Mund die Erklärung: Ihre neue aus dem

Kreis Pillkallen stammende Magd hatte an jenem für uns unheilvollen Tag den Auftrag erhalten, das Mittagsbrot und kalte Getränke zu den Feldarbeitern zu bringen, die weit draußen den Roggen mähten, ihn zu Garben banden und in Hocken aufstellten. Weil ihr das Gehen mit dem schweren Korb Mühe machte, hatte sie sich den weiten Weg abgekürzt und war nur bis hinter die Hecke des Friedhofs gegangen, wo — wie sie meinte — der Schatten der Bäume den ermüdeten Leuten eine zusätzliche Erfrischung versprach. Laut schreiend habe sie die Schnitter in der Ferne auf sich aufmerksam zu machen versucht und sie mit beiden Händen zu sich herangewinkt. Gewundert habe sie sich allerdings, daß zwei Kinder, die bis kurz vor das Friedhofstor gelangt waren, wie von der Tarantel gestochen davongelaufen seien. Auch für die dunkle Gewandung erfuhr meine Mutter eine Erklärung: Da die neue Magd bei ihrem Dienstantritt vor wenigen Wochen nur über sehr spärliche Kledage verfügte, hatte Mutter Eder aus ihren älteren Beständen ein schwarzes Kleid ausgemustert, damit das Mädchen einen zusätzlichen Arbeitskittel besaß, und gerade in diesem Aufzug war es trotz der Sommerhitze auf das Feld hinausgegangen ...

Ich weiß heute nicht mehr, wann meine Mutter uns Kindern das geheimnisvolle Gespenst entmythologisierte. Irgendwann später erfuhren wir, was sich hinter der Schreckgestalt verborgen hatte, aber es kann durchaus sein, daß die Erwachsenen uns noch eine Weile in dem Glauben ließen, es sei gefährlich, allein durch die Welt zu streifen, solange man noch klein und unerfahren war.

Der Ausflug nach Paballen

Die fünfzehnte der Stallupöner Geschichten

Das Paballer Wäldchen, dieses zu wissen ist für den interessierten Leser wichtig, war den Stallupönern so etwas wie der Grunewald für die Berliner, der Bois de Boulogne für die Pariser oder der Central Park für die New Yorker, kurz gesagt: ein Naherholungsgebiet, wohin sich gestreßte Städter am Wochenende zwecks Begegnung mit der freien Natur per Fahrrad oder schlicht per pedes Apostolorum begaben, ferner ein häufig gewähltes Zielgebiet für Schulklassen an Wandertagen (und danach Ablageplatz für überflüssig gewordene Butterbrotpapiere) oder auch ein beliebter Treffpunkt für junge Paare, die den neidischen Blicken älterer Mitbürger entgehen oder gar ihre Zuneigung unbeobachtet vertiefen wollten. Letzteres geschah, wie sich leicht denken läßt, vor allem an warmen Sommerabenden, und so konnte es passieren, daß ein nichtsahnender Wanderer, wenn er zu der besagten Jahres- und Tageszeit das kleine Waldgebiet aus purer Freude an der Fortbewegung in frischer Luft durchstreifte, bald hinter einem Erlengestrüpp Geflüster, Gekicher und Seufzer vernahm, bald an einem Holunderbusch über ein paar im Moosboden hingestreckte Beine stolperte. Ja es soll sogar vorwitzige Jungen gegeben haben, die zwecks Beobachtung des abendlichen Geturtels und rechtzeitiger Einführung in die Praktiken des Liebeslebens sich dort schon vor Sonnenuntergang auf die Lauer legten und gelegentlich als unerwünschte Augenzeugen von aufgebrachten Liebhabern erbärmlich verdroschen worden sind.

Zu berichten ist in diesem Zusammenhang von einem Bruderzwist im Hause Wittmoser, der sich zutrug, als Werner, ein durchaus talentierter Bankgehilfe, aber noch erfolgreicherer Fanfarenbläser und Leiter des Stallupöner Spielmannszuges, die ersten Schritte im Dschungel der Liebe zu machen versuchte. Else Weitschat, seine Angebetete, eine in den Hüften etwas zu breit geratene, aber ansonsten wohlproportionierte Sechzehnjährige, deren Vorzug es war, jeden Kunden in Stolls Konditorei, wo sie ihre Lehre absolvierte, höflich und stets lächelnd zu bedienen, hatte Werners Leidenschaft mit eben dieser ihr eigenen Freundlichkeit entfacht, und seitdem er sich im Zustand des Entbranntseins befand, hatte er kaum einen Tag vergehen lassen, an dem er nicht wenigstens einmal an die Kuchentheke des Bäckerladens in der Kasseler Straße trat, um beim Kauf eines Stückes Mohnstriezel oder einer Rosinenschnecke Else tief in die Augen zu schauen. Als infolge seines beharrlichen Erscheinens und der optischen Zuwendung dem Mädchen klar wurde, daß nicht so sehr das tägliche süße Teilchen als vielmehr sie selbst der Grund für Werners Kuchenleidenschaft war und sie fortan schon errötete, sobald der junge Herr Wittmoser den Fuß über die Ladenschwelle setzte, fand die Liebe in seinem Herzen eine neue Ausdrucksform. Jedesmal, wenn sein Fanfarenzug am späten Nachmittag des Mittwochs übte, lenkte er seine Truppe in die Kasseler Straße, und hatte er, an der Spitze marschierend, die Konditorei seiner heimlichen Geliebten erreicht, gab er das Zeichen zu einem vielstimmigen „Täterä – Tätä –, Täterä – Tätä –", jener geschmetterten Melodie, der man in Stallupönen die Worte „Mädchen im – Café, Mädchen im – Café" zu unterlegen pflegte.

Solchermaßen hofiert und geehrt, konnte Else Weitschat natürlich nicht nein sagen, als Werner sich eines Tages ein Herz faßte und sie fragte, ob sie nicht Lust habe, ihn am nächsten Sonnabend bei einem Ausflug nach Paballen auf seinem Motorrad zu begleiten. Die prompte Zusage verwirrte den jungen Mann, weil er mit einem gewissen Widerstand gerechnet hatte, dermaßen, daß er nahe daran war, seine Karriere als Bankgehilfe aufs Spiel zu setzen. Da ihm der Sinn nur noch nach Else stand, lieferte er bei der Filiale in Eydtkuhnen, wohin er dann und wann mit Kassenpapieren geschickt wurde, das falsche Päckchen ab, und der Filialleiter blickte, als er das Bündel entfaltete, statt auf Schuldverschreibungen und Kassenbelege auf ein in Staniol gewickeltes Frühstücksbrot, welches Werner Wittmoser eine Stunde später natürlich vermißte, als er seinerseits statt seiner Käsestulle ein Bündel Bankpapiere aus der Verpackung zog. Um seine Erregung zu dämpfen, putzte Werner jeden Abend vor dem verabredeten Wochenende die Chromteile seines Motorrades blitzblank, zog die Beine seiner weißen Leinenhose auf Spannbretter, damit sie unten weit ausluden und vorn den richtigen Knick bekamen, kämmte sich vor dem Spiegel den Scheitel bald auf der linken, bald auf der rechten Seite seines Wuschelkopfes und prüfte das jeweilige Ergebnis lange und intensiv, ohne sich jedoch zu einer klaren Entscheidung durchringen zu können.

Als der Sonnabend und damit der Tag des freudigen Ereignisses anbrach, schien zunächst alles nach Wunsch zu verlaufen. Strahlend stieg die Sonne hinter dem gestuften Dach der Stallupöner Kirche empor, eine wohlige Wärme durchströmte die Stadt, und die Schwalben segelten so hoch über dem Schützenpark, daß jede meteorologische Vorhersage überflüssig wurde: Das mußte ein angenehmer Tag und ein noch schönerer Abend werden! Werners Erregungszustand war inzwischen einem ausgeglichenen Wohlbehagen gewichen. Gut gelaunt pfiff er vor sich hin, als er morgens seine Schritte zur Bank lenkte, und noch heiterer wirkte er am Mittag auf dem Rückweg von seiner Arbeitsstelle. Dennoch täuschte er sich dabei selbst, denn ein kleines Hindernis, das es noch zu überwinden galt, hatte er bisher aus seinem Bewußtsein verdrängt: seinen um fünf Jahre jüngeren Bruder Gerhard, der es gewohnt war, sich am Wochenende auf den Soziussitz zu schwingen und von Werner durch die heimatlichen Gefilde kutschiert zu werden. Als jener beim Mittagessen hörte, daß er diesmal nicht Werners Begleiter auf dem Motorrad sein sollte, sondern „wer anders", ging dem hellen Bürschchen sofort ein Licht auf, und es kombinierte richtig: dahinter steckt eine Frau! Da Gerhard sich noch in einem Alter befand, in dem Jungen Angehörige des anderen Geschlechts als „alberne Gänse" oder „Milchziegen" zu bezeichnen

71

pflegen, war er wild entschlossen, Werners Plan zu durch-
kreuzen. Zuerst berief er sich auf seine alten Rechte und
maulte heftig herum, merkte aber bald, daß dieses nicht
der richtige Weg zum Erfolg war, denn Werner schien un-
erschütterlich an seinem Entschluß festzuhalten, ihn, den
jüngeren Bruder, diesmal und — wie die Dinge lagen —
auch fürderhin nicht als Mitfahrer zu akzeptieren. Also
verzog sich der Zwölfjährige auf das alte Plumpsklo im
Hof, wohin er sich zurückzuziehen gewohnt war, wenn er
schmollte, wo ihm aber auch, das hatte sich mehrfach ge-
zeigt, die besten Einfälle kamen. Als er nach einer Weile an
den Mittagstisch und damit in den Schoß der Familie zu-
rückkehrte, war er alles andere als gesprächig, jedoch
schien seine Opposition gegenüber dem älteren Bruder
stark an Energie eingebüßt zu haben, und der Familien-
frieden nahm zunächst keinen sichtbaren Schaden. Auch
daß Gerhard gleich nach dem Essen im Motorradschuppen verschwand, wo er das Werkzeug aufräumen zu wollen angab, wurde nicht als ungewöhnlich registriert, denn
solches pflegte er ein- bis zweimal im Monat freiwillig zu
tun, weil ihm der ältere Bruder jedesmal dafür zwei Ditt-
chen zahlte.

Der letzte Rest von schlechtem Gewissen gegenüber
dem Jüngeren verlor sich bei Werner während seiner Vor-
bereitungen zum ersten Treffen mit einem Mädchen.
Heimlich begab er sich in die Waschküche, entledigte sich
seiner Socken und anderer Kleidungsstücke, stieg in die
mit Regenwasser gefüllte Fußwanne und schrubbte sich —
dem Samstag-Abend-Bad vorgreifend — von den Zehen
aufwärts gründlich ab. Danach eilte er auf sein Zimmer,
suchte sich ein frisch gebügeltes Oberhemd und kletterte
vorsichtig in die weiße Leinenhose, deren Falten infolge
sorgfältiger Präparation so scharf in die Gegend standen,
daß man sich daran hätte schneiden können. Nach einem
letzten Kontrollblick in den großen Flurspiegel, der ihm
ein Konterfei in der erwünschten Schönheit (wenn auch
nicht mit einer brauchbaren Frisur) präsentierte, begab
sich Werner Wittmoser zu seinem Stahlroß, aber der Start

zum ersten Rendezvous seines Lebens gestaltete sich schwieriger als erwartet. Der Motor wollte nicht so recht anspringen, und der junge Mann mußte mehrfach heftig auf den Fußhebel treten, um die Maschine ans Laufen zu bringen, und auch danach zog sie nicht kräftig an, wie Werner es von ihr gewohnt war, sondern bockte stellenweise und lief für eine NSU zu unruhig. Aber sowohl die vorgerückte Zeit als auch die weiße Leinenhose verboten es, diesem Umstand durch eine gründliche Inspektion abzuhelfen.

Also tuckerte Werner vom Schweinemarkt über die Werwathstraße am Feuerwehrhaus vorbei zum Bahnübergang an der Trakehner Chaussee, wo er sich mit Else verabredet hatte. Als er den leichten Anstieg zum Bahndamm erreichte, drückte er den Gashebel voll durch, und mit einem explosionsartigen Knall schoß er mit seiner Maschine über die Eisenbahnschienen der Strecke Moskau—Berlin beziehungsweise Stallupönen—Schwirgallen hinweg direkt bis vor die Füße des bereits wartenden Fräuleins Weitschat, auf welches das ohrenbetäubende — wenn auch unbeabsichtigte — Geknatter des eintreffenden Gefährts erheblichen Eindruck machte. Da Werner nicht den Motor abzustellen wagte, weil er Schwierigkeiten beim erneuten Anlassen befürchtete, forderte er Else mit einer Handbewegung auf, hinter ihm Platz zu nehmen, wozu die so Eingeladene sich auch schweigend anschickte. Beim Ersteigen des Soziussitzes tat sie sich allerdings ziemlich schwer, da sie noch nie auf einem Motorrad gesessen hatte. Statt das leicht gestreckte Bein von rückwärts über das Hinterrad zu schwingen, versuchte sie krampfhaft, den rechten Fuß mit angewinkeltem Knie irgendwie hinter Werners Rücken auf die andere Seite der Maschine zu bringen, was ihr nur unter großen Schwierigkeiten gelang, da sie zugleich bemüht war, ihren Rock nicht hochrutschen zu lassen, obwohl der junge Mann aus seiner Position heraus keineswegs etwas „Nichterlaubtes" hätte erblicken können.

Endlich war alles an der richtigen Stelle, und der Ausflug zu zweit konnte seinen Anfang nehmen. Nun muß man wissen, daß die Straße nach Wannagupchen und Paballen vom Stallupöner Friedhof ab eigentlich eine ziemlich löchrige Angelegenheit war, und die Benutzer dieses Weges wählten bald diese, bald jene Seite der Straße, um den Unebenheiten und Vertiefungen, in denen nach einem Regenguß das Wasser noch tagelang stand, durch geschicktes Manövrieren auszuweichen. Auch Werners Motorrad kurvte geschickt um die mit lehmiger Brühe gefüllten Löcher herum und wies damit seinen Lenker als einen versierten Geländefahrer aus. Dennoch gewann Else Weitschat während der Reise den Eindruck, daß Werners Sicherheit in bezug auf Vermeidung von Wasserlöchern nicht so hundertprozentig war, wie es zunächst geschienen hatte, denn sie spürte ab und zu warme Tropfen auf ihren nackten Waden. Als die Feuchtigkeit allmählich in ihre Schuhe zu geraten begann, wünschte sie sich sehnlichst ein Ende der Fahrt herbei und war heilfroh, als das Paballer Wäldchen in Sicht kam, zumal das Motorrad in Verbindung mit seinem höllischen Geknatter einen bestialischen Gestank zu verbreiten begann.

Doch noch vor Erreichen des ersehnten Zieles überstürzten sich die Ereignisse. Nach einem heftigen Knall erstarb das Motorgeräusch, die Maschine rollte nur noch wenige Meter vorwärts, und dichter Qualm umgab den Liebhaber samt seiner Begleiterin. Verwirrt von der plötzlichen Stille und in seiner Sicht durch den sich nur allmählich verziehenden Dunst behindert, wartete Werner einige Augenblicke, ehe er über die Schulter nach seiner Gefährtin Ausschau hielt. Diese hatte inzwischen schon in Panik den Soziussitz verlassen, weil sie eine Explosion befürchtete, und sich schleunigst hinter den nächsten Weidenbaum in Deckung begeben. Als nach einer halben Minute immer noch kein Feuerball die Maschine samt Werner zerriß, sondern nur etwas gelblicher Qualm über dem Boden waberte, wagte Else sich wieder auf die Straße. Langsam glitten ihre Augen an ihrem Kleid hinab, und bei dem, was sich ihrem Blick darbot, wäre sie fast — wie einst das

Weib des biblischen Lot — zur Salzsäule erstarrt. Dunkel-
braune Ölstreifen zogen sich über den Saum und über ihre
Beine, hatten die weißen Söckchen zu übelriechenden
Schwämmen werden lassen und auch an den hellen Schu-
hen häßliche Spuren hinterlassen. Was nützte es da, daß
ihr kurz darauf Werners ehemals weiße, nun aber wie ein
gestreiftes Zebrafell wirkende Hose in den Blick geriet
und der junge Wittmoser eher Mitleid als Zorn verdient
hatte! Die sonst immer so sanfte Else bekam einen Schrei-
krampf, verwandelte sich augenblicks in eine Furie, stürzte sich auf ihren Chauffeur und traktierte den nahezu hilf-
losen, weil immer noch das Motorrad zwischen den Beinen haltenden Jüngling mit ihren Fäusten. Der hätte,
selbst wenn er dazu in der Lage gewesen wäre, sich ohnehin nicht sehr gewehrt: Zu tief saß der Schock über das gerade Erlebte in ihm, und so zog er lediglich den Kopf ein
und wartete geduldig das Ende des weiblichen Wutanfalls
ab. Als keine Mädchenfäuste mehr auf ihn niedersausten
und er nur noch ein sich entfernendes Geschluchze vernahm, drehte er sich vorsichtig um. Er gewahrte Else, die
— schon ein Stück in Richtung auf Stallupönen — sich der
Schuhe und Socken entledigte und barfuß heimwärts zu
eilen begann. Schnell begriff er, daß es in der so verfahre-
nen Situation wenig hilfreich sein würde, dem vergrätzten
Mädchen hinterherzulaufen. Auch wäre er dazu, rein phy-
sisch gesehen, kaum in der Lage gewesen, denn auch ihm
war inzwischen soviel Öl von den Hosenbeinen in die
Schuhe getropft, daß es darin bei jedem Schritt nur so
gluckste und glubberte.

Was danach kam, ist schnell berichtet. Der verhinderte
Liebhaber wagte erst kurz vor Einbruch der Dunkelheit,
die defekte Maschine in Richtung Heimat zu schieben. Zu
sehr schämte er sich für das Vorgefallene und für den Anblick, den er in seiner verunzierten Paradehose den Mit-
bürgern geboten hätte. Unter Umgehung aller befestigten
Straßen und Ausnutzung des finsteren Häuserschattens
gelang es ihm tatsächlich, ohne Aufsehen zu erregen bis in
den Motorradschuppen zu kommen und im Haus seine

verschmutzte Hose gegen ein sauberes Beinkleid zu tauschen. Am folgenden Vormittag dauerte es nicht lange, bis er an seiner Maschine ein paar gelockerte Schrauben entdeckte, und er wußte natürlich auch gleich, wer hinter diesem Sabotageakt steckte. Ohne viel Federlesens zu machen, griff er sich seinen Bruder Gerhard, der gerade – zum Schein mit einem Jörn-Farrow-Heft als Lesematerial bewaffnet – den Hof auf dem Weg zum Plumpsklo kreuzte, um den älteren Bruder vom „Herzchen" in der Tür aus zu beobachten. Unbarmherzig legte er ihn über das Knie und verprügelte ihn wortlos. Dafür schrie Gerhard um so heftiger, um einen elterlichen Eingriff in das Strafverfahren zu provozieren, jedoch ohne Erfolg, da Mutter Magda zu eben jener Zeit als Mitglied des Stallupöner Kirchenchors von der Empore herab das Lieblingslied des Pfarrers Woronowski „Aus tiefer Not schrei ich zu dir ..." anstimmte und Oskar Wittmoser, ihr Mann und Vater der zerstrittenen Brüder, als Beitragssammler für den VDA in der Gegend des Wasserturms, also weit ab vom Ort der Selbstjustiz, seine Runde machte. Nachdem die Waagschalen der Dame Justitia wieder auf gleiche Höhe gebracht waren, hatte Werner Veranlassung, sich seine strapazierten Handflächen und Gelenke zu massieren, während der Übeltäter, dessen Versuch, sich das Jörn-Farrow-Heft noch schnell vor dem Strafvollzug hinten in die Hose zu schieben, kläglich gescheitert war, mit lädiertem Hinterteil und wilde Flüche ausstoßend ins Haus humpelte. Auch seine Klage vor den zurückgekehrten Eltern und die Beteuerung, der Racheakt des älteren Bruders sei in völliger Verkennung der wahren Verhältnisse geschehen und zeuge von einem erheblichen Mangel an Einfühlungsvermögen in seine Situation, halfen ihm nichts. Er blieb vom Soziussitz verbannt, und zudem wurde ihm das Taschengeld für zwei Monate gestrichen.

Gesagt werden soll noch, daß nach einer Schmollphase des Mädchens von einigen Wochen Werner Wittmoser schließlich doch noch zu seinem Rendezvous mit Else Weitschat im Paballer Wäldchen kam und daß es nicht bei

dieser einen Begegnung blieb. Und die Moral daraus:
Selbst hinterhältige Brüder und häßliche Ölflecken kön-
nen letztlich nichts ausrichten, wo das zarte Pflänzchen
Liebe einmal Wurzeln geschlagen hat.

Gewichtsprobleme

Die sechzehnte der Stallupöner Geschichten

Eines mußte man der Stallupöner Jugend, zumindest der
männlichen, lassen. Mochte ihre Stadt vom übrigen
„Reich" her gesehen ganz weit hinten in der Provinz liegen, in einem Punkt zeigte sie sich gar nicht hinterwäldle-
risch, sondern hochmodern und dem neusten Trend fol-
gend: in ihrer Leidenschaft für das Segelfliegen. Scharenweise fanden sich Jungen, die ihre Freizeit mit dem Bau
von Flugzeugmodellen verwerkelten oder — sobald sie
fünfzehn geworden waren — die Ferien in den schneefrei-
en Monaten in Segelfliegerlagern verbrachten. Viele von
ihnen nutzten zudem das eine oder andere Wochenende
dazu, in Drachenberge bei Darkehmen mit dem „Schulgleiter 38" Luftsprünge vom Hang her zu machen oder auf
dem Gumbinner Flugplatz im „Boot" oder „Baby" eine
Platzrunde mit anschließendem Vollkreis zu drehen.
   Dabei unterschied sich die Segelfliegerei jener Tage
zwar nicht im Fliegen selbst, wohl aber in ihrem Drum
und Dran erheblich von den späteren Formen und Ge-
pflogenheiten. Die Maschinen waren einfache Konstruk-
tionen ohne jeden Komfort. Der „SG 38", auf dem man
seine ersten Flugversuche machte, bestand aus einem mit
Flügeln und Leitwerk versehenen Holzgestell, dessen Teile mit viel Draht verspannt waren und der daher den Spitz-
namen „Drahtesel" trug. Der Flugschüler, der vom ersten
Start an in der „Kiste" auf sich allein gestellt war, hockte
auf einem den Blick zu seinen Füßen völlig freigebenden
Holzbrett, und alles, was ihn vor einem Sturz von dieser

„windigen" Angelegenheit bewahrte, war der Anschnall-
gurt. Wenn man dann im Laufe seiner Ausbildung in eine
verkleidete Maschine überwechseln konnte, fühlte man
sich vom Schleudersitz weg in eine Nobelkarosse versetzt,
obwohl es auch nur Leinwand und dünnes Sperrholz war,
was einen in der Pilotenkabine umgab. Den weitaus größeren Unterschied zum späteren Flugbetrieb bildete jedoch der aufzuwendende körperliche Einsatz jedes Mit-
glieds einer Fluggruppe. War eine Maschine nach dem
Kommando „Ausziehn! Laufen! Los!" mit Hilfe von
Muskelkraft und eines dicken Gummiseils vom Hang
wegkatapultiert und ins Tal geschwebt, mußte sie von der
gesamten Mannschaft wieder nach oben geschleppt werden, obwohl doch nur einer das Vergnügen des nahezu
laut- und schwerelosen Hinabgleitens gehabt hatte. Und
selbst beim Training auf ebenem Flugplatzgelände, wo die
Maschinen mit großer Geschwindigkeit – nach Art von
Drachen an einem Stahlseil hängend – in die Luft beför-
dert wurden, ergab sich für die Fluggruppe nach jedem
Start die Notwendigkeit, das gar nicht so leichte Seil quer
über den Platz zurück zum Startort zu bringen, wobei die
Mannschaft den Anblick von Wolgaschiffern bot, die in
einer langen Reihe hintereinander mit dem über die Schultern gespannten Seil ihren Weg machten. So stand der Ar-
beits- und Kräfteaufwand in gar keinem Verhältnis zum
eigentlichen Flugvergnügen, das in der Regel anfangs nur
einige Sekunden oder – wenn es hochkam – wenige Minuten täglich dauerte, denn mehr als ein- oder zweimal
kam niemand in die Rolle des Piloten.

Und dennoch: diese kurze Zeitspanne des Losgelöst-
seins von der Erde und des vogelgleichen Dahingleitens
war so faszinierend, daß alle Plackerei vergessen war, sobald man auf dem Holzsitz Platz genommen, sich ange-
schnallt hatte und nach einem kleinen, kräftigen Ruck in
den Himmel schoß, um danach im sanften Schwebezu-
stand sich Dädalus und Ikarus gleichzufühlen.

Auch mich hatte mit etwa dreizehn Jahren die Leidenschaft für das Fliegen erfaßt, nicht zuletzt deshalb, weil

mein älterer Bruder damals bereits zur Fliegerzunft zählte und ich bei einem Besuch im Segelfliegerlager von Nidden auf der Kurischen Nehrung ihn von einer hohen Sanddüne in Richtung Ostsee hatte entschweben sehen. Von Stund an verspürte ich den Wunsch, es ihm gleichzutun. So verschlang ich von da ab zunächst alles, was mir an Fliegerliteratur in die Finger kam: Berichte über die Weltkriegsflieger, über die Ozeanbezwinger der zwanziger Jahre, über Ferdinand Schulz, den ostpreußischen Segelflugpionier, und über die Wasserkuppe, das Mekka des damaligen Flugsports. Beim Basteln von Flugmodellen und vor allem dann, wenn ich sie nach ihrer Fertigstellung in die Luft entlassen hatte, träumte ich dem Tag meines fünfzehnten Geburtstags entgegen, von dem ab meine auf das Fliegen gerichteten Wünsche erfüllbar werden konnten.

Als es dann soweit war, erlebte ich eine große Enttäuschung. Der Antrag, mit dem ich mich zum ersten Segelfliegerlehrgang anmeldete, wurde mit dem lapidaren Vermerk „zu leicht" abgelehnt. Hatte ich doch ehrlicherweise in der Spalte „Gewicht" dreiundvierzig Kilo eingetragen, und das reichte eben nicht, um trotz der Hilfe von vier neben die Kufe geklemmten Trimmgewichten den SG 38 nicht schwanzlastig werden zu lassen. Also mußte ich die Hoffnung auf meinen ersten Start bis zu den nächsten Ferien verschieben, aber selbst dann hatte ich immer noch ein Untergewicht von einem guten Kilogramm. Was half's? Zwei Pfund wurden auf dem Papier dazugesetzt, und schon schien der Durchbruch zu gelingen, denn ich wurde zu einem Lehrgang in Drachenberge zugelassen. Ausgerüstet mit Sportzeug, Kulturbeutel und guter Laune traf ich mit vielen Gleichgesinnten zu Beginn der Sommerferien im hügeligen Gelände der Flugschule ein und bezog Quartier in einem Doppelbett auf dem Dachboden, denn bei der Flugbegeisterung unserer Gegend blieb es nicht aus, daß die Schule bis unter das Dach belegt war.

Die erste Nacht verlief völlig undramatisch, und ich wiegte mich schon am nächsten Morgen in Sicherheit, als ich zu meinem Entsetzen nach dem Frühstück beim Blick aus dem Dachbodenfenster zwei kräftige Lehrgangsteilnehmer eine Dezimalwaage vom nächsten Bauernhof herüberschleppen sah. Mir schwante nichts Gutes, und so sauste ich, so schnell mich die Füße trugen, die Treppe hinab und zum Haus hinaus, um einem bösen Schicksal zu entgehen, denn Untergewicht hätte mit Sicherheit bedeutet: Rucksack packen und traurig die Heimreise antreten. In meiner Not war ich irgendwie hinter die Flugzeughalle geraten, wohl in der Absicht, mich dort bis nach dem Wiegevorgang zu verstecken. Aber was hätte das genützt! Da stets Vollzähligkeits-Appelle stattfanden, wäre mein Fehlen schnell entdeckt worden. Wie aber sollte ich das fehlende Kilo ersetzen? Zuerst dachte ich daran, zurückzulaufen und schnell noch ein halbes Kommißbrot, das in meinem Spind lagerte, zu verschlingen, aber ich war realistisch genug, diesen absurden Gedanken wieder zu verwerfen. Als ich schon recht deprimiert auf den Boden blickte, kam mir plötzlich der rettende Gedanke: Ich konnte die Taschen des Leinenanzugs, den jeder von uns verpaßt bekommen hatte, mit möglichst vielen von den haufenweise herumliegenden und mir zum Glück in den Blick geratenen Kieselsteinen füllen, um so den Gewichtsausgleich zu schaffen. Gedacht — getan! Schnell waren die beiden Taschen des Oberteils und die Hosentaschen gefüllt, aber als ich an mir herunterblickte, war mir, als hätte ich mich in ein Mädchen verwandelt. Zwei üppige Schwellungen zierten meine Brust, und die Hüften hatten sich bedeutsam nach den Seiten hin vergrößert. Doch an eine Korrektur war nicht mehr zu denken, denn inzwischen hatte die Signalglocke — zweimal kurz, einmal lang — das Zeichen zum Antreten vor dem Hauptgebäude gegeben. Solchermaßen beschwert, schlich ich mich um die Ecke der Halle und versuchte, möglichst in der Mitte des sich formierenden Jungenpulks unterzutauchen, um nicht infolge meines veränderten äußeren Erscheinungsbildes aufzufallen. Es gelang mir tatsächlich, in der mittleren der Dreierreihe einen Platz zu finden, und dann ging es los. Jeder mußte auf die Waage treten, damit er wußte, welche

Trimm-Einstellung für ihn galt, und damit so die Flugtüchtigkeit der Maschinen gesichert wurde.

Je mehr die Zahl der Leute vor mir schmolz, um so weiter rutschte mir das Herz aus Angst vor einer Entdeckung meines Betrugsmanövers in die Hose. Schließlich war es so weit, und ich mußte mich der Prozedur des Wiegens unterziehen. Die beiden Flugschüler, denen es oblag, die richtigen Gewichte auf die Waagschale zu legen und das Ergebnis zu registrieren, waren viel zu beschäftigt, als daß sie mich eines Blickes gewürdigt hätten. Aber − o Wunder! − auch der die Aufsicht führende Fluglehrer, von Hauptberuf Zahnarzt und von uns „Büffel" genannt, schien meine ungewöhnliche Körperfülle nicht zu bemerken. Gleichgültig und anscheinend völlig unbeteiligt blickte er in die Ferne und verzog keine Miene zu meinem bösen Spiel. Als das Resultat feststand und ich mit exakt fünfundvierzig Kilogramm von der Waage steigen durfte, hätte ich vor Freude fast geschrieen. Ich beherrschte mich jedoch und verschwand möglichst unauffällig, um meinen Ballast wieder an alter Stelle abzuwerfen.

So stand also dank der Gewichtskorrektur meiner Fliegerlaufbahn nichts mehr im Wege, und mir schwoll ob des Erfolges gewaltig der Kamm. Für einen Glücksfall hielt ich es außerdem, daß ich zu Büffels Fluggruppe eingeteilt wurde, denn er galt als ein zwar wortkarger, aber sehr gerechter Mensch.

Sobald am Nachmittag der eigentliche Flugbetrieb auf dem langgezogenen Höhenrücken, von dessen Buckeln man weit in das ringsum flachere Land sehen konnte, seinen Anfang nehmen sollte, bezogen die einzelnen Fluggruppen mit je einem Schulgleiter ihre Startplätze, und nach kurzer Instruktion der Mannschaften hüpften die Maschinen mit den ersten Piloten über die grünen Flächen. Jeder in unserer Gruppe wünschte sich, möglichst bald an die Reihe zu kommen, aber Büffel hielt streng das Alphabet ein, und so mußte ich mich fast zwei Stunden gedulden, ehe ich mir den „Trudelbecher", also den Sturzhelm überstülpen und mich beim Fluglehrer zum ersten

Start melden konnte. Büffel nahm gelassen eine Prise
Schnupftabak, bei uns „Schniefke" genannt, und hörte
sich mein Sprüchlein an. Dabei wanderten seine Augen an
meiner dünnen Jungengestalt von oben nach unten, und
als ich geendet hatte, winkte er mich mit seinem langen
Zeigefinger dichter an sich heran und flüsterte mir zu:
„Solltest du deinen privaten Ballast nicht in der Hose haben, mußt du den Steuerknüppel immer etwas nach vorn
gedrückt halten!"

Mir schoß vor Scham das Blut in den Kopf, als mir auf-
ging, daß dieser gestrenge Mensch, vor dem ich stand,
mein Spiel auf der Waage durchschaut, aber dennoch ge-
schwiegen hatte. Völlig verdattert kletterte ich auf den Sitz
der Maschine, ließ mich anschnallen, stemmte die Füße
auf die Pedalen der Seitensteuerung und umspannte den

82

Steuerknüppel mit der rechten Hand, während die linke sich instinktiv an der Kante des Holzsitzes festklammerte. Als ich das Startkommando gegeben hatte, zum erstenmal in meinem Leben in der Luft war, der Hanggleiter nach kurzem Steuerdruck Fahrt aufnahm und mit mir über den Boden zu schweben begann, begriff ich schließlich, welch ein Geschenk mir Büffel mit seinem unbürokratischen Akt und seiner menschlichen Haltung gemacht hatte, und die Betroffenheit wich einem Gefühl großer Dankbarkeit und des Glücks zugleich.

Noch am selben Abend, als alles sich zur Ruhe zu gehen anschickte, schlich ich mich hinter die Ecke an der Flugzeughalle und griff mir einige von meinen Steinen, um sie fortan als Glücksbringer bei mir zu haben. Und wenn mich der Krieg nicht an seinem Ende irgendwo in Europa ohne jeglichen Ballast abgeworfen hätte, der eine oder andere von ihnen fände sich wohl noch heute in meiner Hosentasche.

Eine weihnachtliche Bescherung

Die siebzehnte der Stallupöner Geschichten

Mein Freund und Klassenkamerad Siegfried war — wie viele von uns Stallupöner Schülern — ein Kind vom Lande, wo seine Eltern in Uschballen, einer aufstrebenden Zweihundert-Seelen-Gemeinde, einen landwirtschaftlichen Betrieb ihr eigen nannten, der, wenn man kleinliche Maßstäbe anlegte, als ordentlicher Bauernhof gelten konnte, von den zur Großzügigkeit neigenden Uschballern selbst aber als „Kapperlats Gut" bezeichnet wurde. Herausgehoben durch einen Hügel, nahm sich der Hof mit seinen langgestreckten, im Karree stehenden Gebäuden und der weiten Felderflucht ringsum von der Göritter Chaussee her tatsächlich wie eine Stätte bäuerlicher Wohlhabenheit aus, ein Eindruck, dem auch beim Näherkommen der

Duft des hinter dem Hauptstall gelegenen Misthaufens wenig Abbruch tun konnte, und war ein neuer Gast erst in den Hofraum gelangt und durch die eisenbeschlagene Haustür in die geräumige Diele getreten, entfuhr ihm in der Regel ein Laut des Erstaunens: Eine breite, gediegene Holztreppe schwang sich vom getäfelten Untergeschoß an den Seitenwänden empor und lenkte den Blick nach oben, wo ihr Geländer einem einer Empore ähnelnden Freiraum den krönenden Abschluß verlieh. Dieses für dörfliche Verhältnisse nahezu fürstliche Entree bildete zur Weihnachtszeit mit einem bis zur Holzdecke im Obergeschoß reichenden Fichtenbaum den Ort der Begegnung für Familie und Gesinde, wo Rang und Alter für eine Weile im Anblick der Krippe und des darin liegenden Heilands aufgehoben zu sein schienen.

So war es auch an jenem Christabend, als mein Freund Siegfried etwa zwölf Jahre alt gewesen sein mochte. Andachtsvoll umstanden die Eltern, die Kinder sowie Mägde und Knechte den Lichterbaum mitsamt der davor auf einem Sofa plazierten Großmutter, deren Privileg es schon seit vielen Jahren war, die Weihnachtsgeschichte vorzulesen, was sie insgeheim allerdings nur unwillig tat, da ihr dabei immer ihre zwar notwendigen, aber doch sehr instabilen „dritten Zähne" Probleme bereiteten. Am liebsten hätte sie sich bei dieser ihr zugedachten Aufgabe ihres Gebisses entledigt, indem sie es − wie so oft − einfach unter das Sitzmöbel schob, doch schien ihr solches Tun der Stimmung des Heiligen Abends unangemessen zu sein, und so las sie tapfer die Geschichte weiter, bis die Engel den Frieden auf Erden und den Menschen das Wohlgefallen verkündeten und alle einstimmten in das Lied „Vom Himmel hoch da komm ich her". Dabei erinnerte sie sich, still vor sich hinlächelnd, daß ihr Enkel Siegfried früher statt „von einer Jungfrau auserkorn" immer „von einer Jungfrau aus Neu Kuhren" gesungen hatte, weil ihm dieser Ort im Samland mit der Textstelle gemeint zu sein schien.

Mit zwölf Jahren war Siegfried jedoch aufgeklärt und

hatte keine Probleme mehr mit dem englischen Gruße. Er fieberte der Bescherung entgegen, die ganz nach seinen Erwartungen auszufallen schien: Blinkte doch unter einer Ecke weihnachtlichen Papiers ein Stück Stahlkufe hervor, was nur bedeuten konnte, daß er endlich die Holzschlorren mit daruntergenagelten Schienen beim Eislauf gegen ein Paar nagelneue Schlittschuhe würde vertauschen können.

Und in der Tat, nachdem sich das beschenkte Gesinde zurückgezogen hatte, hielt er den Wirklichkeit gewordenen Traum in seinen Händen. Er untersuchte den Schraubmechanismus, tastete mit den Fingern über die geschliffenen Kanten und ließ den Strahlenschein der Kerzen immer noch auf dem silbernen Metall blitzen, als die übrigen Familienmitglieder längst schon zu Gebäck und Nüssen übergegangen waren.

Die Großmutter hatte sich inzwischen Erleichterung für ihren Mund verschafft und lutschte, ganz in den weihnachtlichen Frieden versunken, ein weiches Stück Marzipan. Siegfrieds Neigung, das neue Geschenk sogleich auf dem zugefrorenen Teich an der großen Scheune auszuprobieren, war erheblich, doch fand ein solches Verlangen nicht die Billigung seiner Eltern, da es draußen der Jahreszeit entsprechend längst dunkel geworden war. Wozu aber sind Schlittschuhe da, wenn man auf ihnen nicht laufen darf? Siegfried überlegte: die Kufen eigneten sich wohl auch zu etwas anderm, nämlich zum Knacken von Walnüssen. Also versuchte er, das runzlige Gehäuse der hellbraunen Früchte mit gezieltem Hieb zu zertrümmern. Das gelang auf dem harten Boden der Diele drei- oder viermal ohne Schwierigkeit, eine Walnuß jedoch, die der Schlag nur knapp an der Kante erwischt hatte, entzog sich der Zertrümmerung, indem sie wie ein Geschoß an den Beinen der Großmutter vorbei unter das Sofa sauste. Siegfried warf sich ihr mit geschwungenem Schlittschuh hinterher und schlug, halb im Dunkeln liegend, erbarmungslos auf den Flüchtling ein, bis ein lautes Krachen den Erfolg signalisierte.

Mit der Hand scharrte er die vermeintlichen Walnußreste ans Licht, aber ein Schreck durchfuhr ihn beim Anblick des Trümmerhaufens, denn nicht Kern- und Schalenstücke lagen da nebeneinander, sondern halbe Zähne und mattrosa schimmernde Teile der großmütterlichen Prothese. Flugs kehrte er die Bescherung ins Dunkel zurück und verdrückte sich auf die Empore, um die Entdeckung seiner Untat in angemessenem Abstand von väterlicher Wut und mütterlichen Tränen abzuwarten.

Als man sich zum Abendessen sammelte und die Großmutter unter das Sofa griff, trat das elterliche Entsetzen — wie vorausgesehen — auch ein, und der Schuldige wurde trotz räumlicher Distanz schnell ermittelt. Doch was wäre Weihnachten ohne Versöhnung und Liebe! Als sich der schlimmste Krach gelegt hatte, nahm die Großmutter ihren Enkel in den Arm, drückte ihn an ihr Herz und flüsterte ihm zu: „Ach weißt, Siegfriedchen, eijentlich is das gar nich so schlimm, denn nu kann ich wenigstens ein Weilchen mein Brot ungeniert in den Kaffee tunken!"

Der Blinddarm

Die achtzehnte der Stallupöner Geschichten

Eigentlich war sie alles andere als eine sportliche Erscheinung, unsere Lehrerin Christa Seibert, aber da „Leibeserzieher" schon bald nach Kriegsbeginn als besonders taugliche Soldaten an der Front begehrt und daher von den Schulen abgezogen waren, bemühte sie sich redlich, bei uns diese männliche Lücke im Sport mit weiblicher Bravour zu füllen. Dennoch sah man es ihr an der Nasenspitze an, daß sie lieber Mathematik unterrichtete, als uns stundenlang Medizinbälle vor die Brustkörbe schleudern zu lassen oder gar beim Bockspringen Hilfestellung zu leisten, weil ihr dabei ihre zur Fülle neigende Figur im Weg war. Am liebsten zog sie mit uns nach Lawischkehmen in die städtische Badeanstalt, wo Schwimmeister Petereit, ein Hüne von Gestalt, aber wegen eines Hüftgelenk-Schadens kriegsuntauglicher Recke, ihr die gröbste Arbeit abnahm, indem er uns unermüdlich erklärte, wie man beim Kopfsprung einen Bauchklatscher vermied, oder uns in seine Lieblingsdisziplin, das Boxen, einführte, wobei Fräulein Seibert es in Kauf nahm, daß stets einige von uns mit blutenden Nasen und blauen Flecken recht geschunden heimkehrten.

Ein Trost für ihre Ersatzmann-Funktion war es unserer unfreiwilligen Sportlehrerin vielleicht, daß auch anderen von fern in die früher rein männliche Phalanx eingerückten Kolleginnen Männerarbeit zugemutet wurde. So oblag es zum Beispiel dem Fräulein Charlotte Fischlein, unserer molligen Englischlehrerin, bei der wöchentlichen Altmaterialsammlung als Obersammlerin zu fungieren und in jenen Zeiten des Mangels über Berge von Knochen, Staniolpapier, Alteisen und Pappe zu herrschen. Vielleicht hatten diese Sonderbelastungen die beiden jungen Damen einander nähergebracht. Jedenfalls sah man sie mehr und mehr am Nachmittag zusammen in der Stadt, und als sie eines Tages in kurzen weißen Röckchen und je einem Racket

unter dem Arm dem Tennisplatz am Schützenpark zu-
strebten, wußten alle, die sie kannten, daß sie nun zu
Sportsfreundinnen geworden und gewillt waren, ihre Am-
bitionen auf jenem Feld gemeinsam auszutoben und über-
flüssige Pfunde abzutrainieren.

Natürlich zog es uns Quartaner scharenweise zum
Schützenpark, wo wir aus dem Gebüsch heraus die beiden
beobachteten, wie sie sich gegenseitig die Bälle um die Ohren schlugen. Hätten wir als Jungen im Zeitalter des Boris-
Becker-Booms oder der Steffi-Graf-Blüte gelebt, so hätten wir natürlich mit „Advantage", „Break" oder „Ser-
vice" etwas anzufangen gewußt. So aber schauten wir,
„damlig" wie wir in jenem Elitesport waren, dem Treiben
der beiden ohne jeglichen Sachverstand zu. Erst als Christa, die uns im Gebüsch natürlich längst erspäht hatte, laut
verkündete, daß Balljungen ihnen die Sache sehr erleich-
tern würden, wagte es der eine oder andere von uns, aus
dem Versteck heraus und in Aktion zu treten, wobei
durchaus der Wunsch eine Rolle gespielt haben mag, mit
solcher sportlichen Hilfe das Wohlwollen der beiden Damen bei der nächsten Mathematik- oder Englischarbeit zu
aktivieren.

Diese nachmittäglichen Spielereien hätten wahrscheinlich allmählich für uns den Reiz verloren, weil nichts Dra-
matisches dabei geschah, wenn nicht eines Tages zwei
sportliche Stallupöner, Oskar und Paul, hoffnungsvolle
Offiziersanwärter und gerade auf Heimaturlaub weilend,
auf den Plan getreten wären. Fortan gab es nun Doppel
und Mixed in verschiedener Besetzung — Oskar mit Charlotte gegen Christa und Paul oder Christa mit Oskar gegen
Paul und Charlotte —, und damit wurde die Sache für uns
wieder interessant. Wir registrierten, daß unsere Damen
die chevalereske Art ihrer Spielgefährten sichtlich genossen und daß dieses nicht ohne Einfluß auf unser Schulle-
ben blieb, denn unsere beiden Lehrerinnen waren in jener
Zeit stets gut gelaunt. Unser Klassenkamerad Werner,
dessen Eltern in der Nähe des Schützenparkes eine Gärt-
nerei betrieben, von wo aus man guten Einblick in das Ge-

schehen auf dem Tennisplatz hatte, behauptete sogar, daß die vier sich auch außerhalb des Sports recht gut verstünden, weil ihr Turteln unüberseh- und -hörbar war.

Leider sind Heimaturlaube immer viel zu kurz, und so ging diese für uns und unsere Lehrerinnen schöne Zeit viel zu schnell zu Ende. Als die jungen Damen von Oskar und Paul, die an die Front zurückmußten, tränenreichen Abschied genommen hatten, spielten sie wieder allein, aber ziemlich lustlos, wie wir feststellen konnten. Dann setzte ein kalter Spätherbst auch diesem Spiel ein Ende.

In unseren Schulbetrieb war wieder der Alltag eingekehrt, aber die Fröhlichkeit unserer beiden Damen schien auf der Strecke geblieben zu sein. Nur selten waren sie so heiter und gelöst wie in der Zeit des sommerlichen Tennisspiels zu viert. Und eines Tages hieß es, als Fräulein Seibert nicht mehr zum Unterricht erschien, sie sei ernsthaft erkrankt und werde für einige Zeit ausfallen. Auf unserem Stundenplan wurde Sport für mehrere Wochen gestrichen, und den Mathematikunterricht übernahm ein älterer Kollege, den wir wegen seiner wenig humorvollen Art nicht mochten. Bei Charlotte versuchten wir herauszubekommen, was der Christa fehlte, aber die Auskünfte blieben unklar.

Als wir eines Tages erfuhren, Fräulein Seibert liege im Stallupöner Krankenhaus, fanden wir, es gehöre sich wohl, ihr gute Besserung zu wünschen, und so wurde eine Abordnung gewählt, die ihr im Namen der Klasse ein paar Blumen und die besten Genesungswünsche überbringen sollte. Charlotte Fischlein brach, als sie von unserer Absicht erfuhr, nicht gerade in Begeisterung aus, weil — wie sie uns erklärte — die frisch am Blinddarm operierte Freundin erst zu Kräften kommen müsse, ehe sie Besucher empfangen könne. Sie versprach aber, uns auf dem laufenden zu halten. Und eines Tages war es dann soweit: Sie gab grünes Licht für unsere Delegation und nannte uns auch die genaue Uhrzeit, zu der wir am Krankenbett Christas erscheinen durften.

Da ich das Glück hatte, zu jener Genesungswunsch-Kommission zu gehören, bemühte ich mich, pünktlich am Krankenhaus zu sein. Schon von weitem erblickte ich Werner mit einem prachtvollen Blumenstrauß, den uns seine Eltern großzügig für unseren Krankenbesuch spendiert hatten, so daß die Klassenkasse unbehelligt blieb. Als auch die anderen dazugekommen waren, marschierten wir durch die langen Flure bis vor das uns genannte Zimmer. Nach zaghaftem Klopfen öffnete Uli, der Pfarrerssohn, dem wir eine angemessene Rede am ehesten zutrauten, die Tür und trat auf Zehenspitzen ein. Wir anderen folgten ihm so leise wie möglich und bauten uns am Fußende des Bettes auf. Als wir die Patientin anzuschauen wagten, war das, was wir zu sehen bekamen, alles andere als deprimierend. Frisch gekämmt, mit rosigen Wangen und offensichtlich in bester körperlicher Verfassung strahlte uns Fräulein Seibert an und wartete darauf, daß jemand von uns den Mund aufmachte. Nachdem Uli, verwirrt wie wir alle durch den unerwarteten Anblick, sich wieder gesammelt hatte, begann er seine gut einstudierte kleine Rede, und es gelang ihm sogar, ohne zu stottern bis zum Ende durchzukommen. Christa Seibert bedankte sich artig, erkundigte sich nach unserem schulischen und sonstigen Ergehen, kam aber auf ihren herausgenommenen Blinddarm nicht zu sprechen. Wir wagten natürlich nicht, danach zu fragen, und als wir das Gefühl hatten, wir seien lange genug bei der Patientin gewesen, zogen wir, jeder noch einen privaten Genesungswunsch murmelnd, wieder davon.

Im Gebüsch am Stallupöner Bahnhofsplatz, wohin wir uns begeben hatten, weil es uns nach einer — natürlich verbotenen — Zigarette „jankerte", kamen wir alle zu der Überzeugung, bald unser Fräulein Seibert wiederzusehen, denn ihre Gesundung hatte, wenn nicht aller Schein trog, sehr erfreuliche Fortschritte gemacht.

Aber wir hofften vergeblich auf ihre Rückkehr in die Schule. Eines Tages hieß es, Christa Seibert sei von Stallupönen fortgezogen, und es blieb uns nur noch übrig, unserer sympathischen Lehrerin nachzutrauern. Vielleicht hätten wir nie wieder etwas von ihr erfahren, wenn nicht wenige Monate danach mein älterer Bruder bei einem Ausflug nach Insterburg in die Nähe des Gerichtsgebäudes geraten wäre. Dort im Parkgelände, wo Mütter ihre Kleinkinder der frischen Luft und der Sonne auszusetzen pflegten, hatte er unser Fräulein Seibert gesehen — „mit ihrem kleinen Blinddarm im Kinderwagen", wie er sich boshafterweise ausdrückte. Aber seine Entdeckung erklärte uns manches, was wir vorher nicht verstanden hatten.

Danach haben wir Christa Seibert ganz aus den Augen verloren. Vielleicht ist sie mit dem Flüchtlingsstrom aus Ostpreußen herausgekommen, vielleicht jedoch ging sie bald einem viel schlimmeren Schicksal entgegen. Noch jetzt, nach vielen Jahren, denke ich manchmal an sie und die Zeit mit ihr zurück: war sie doch schließlich durch die Liebe und ihren „kleinen Blinddarm" selbst ein Stück von unserem Stallupönen geworden.

Statt eines Vorworts

Stallupönen gibt es nicht mehr. Schon Jahre, bevor das große Verlöschen begann, hatte nationale Engstirnigkeit den Namen der Stadt zu „Ebenrode" gemacht, wohl aus der Furcht heraus, die Erinnerungen an altpruzzisch-baltische Vergangenheit hätten Zweifel daran aufkommen lassen können, daß dort Menschen wohnten, die deutsch sprachen und sich als Deutsche fühlten. Dann aber war die Stadt mit allen anderen Orten des Kreises im Feuersturm des letzten Krieges endgültig untergegangen, und jene Stallupöner, die überlebten, verwehte der Wind in alle Himmelsrichtungen.

So gibt es Stallupönen allenfalls noch in Gedanken, Erinnerungen und in versteckten Winkeln der Herzen jener, die einstmals die Weiten einer Region bewohnten, in die seit Beginn des achtzehnten Jahrhunderts ihre Vorfahren als Neusiedler gekommen waren, weil liberale Preußenkönige alle riefen, die gewillt waren, das von der Pest nahezu entvölkerte Gebiet wieder unter Pflug und Spaten zu nehmen. Sie kamen aus Salzburg und Hessen/Nassau, aus Frankreich, aus Litauen und aus anderen Ecken Europas und waren schließlich so bunt in ihrer Mischung, als hätte der liebe Gott an ihnen ein Beispiel für friedliche Koexistenz verschiedener Volks- und Völkergruppen geben wollen. Friedlich lebten sie lange miteinander und mit ihren Nachbarn jenseits der östlichen Grenzlinie, die, wenn man den Historikern glauben darf, auf Jahrhunderte als eine der beständigsten, aber auch durchlässigsten gelten konnte.

Von Stallupönen waren die „Wälder und Menschen" Masurens nicht weit entfernt. Auch der Name „Suleyken" hätte vertraut geklungen, zumal es im Kreis einen Ort Sudeiken gab. Aber deutlicher vernahm man „litauische Klaviere", und für eine „Reise nach Tilsit" brauchte man mit der grenznahen Eisenbahn nicht mehr als anderthalb Stunden Fahrzeit. So mochten die Stallupöner eher den schweren Lehm der Elchniederung als leichten masurischen Sand an ihren Schlorren gehabt haben, und in ihren Geschichten roch es mehr nach dem Schweiß Trakehner Stuten als nach dem Tran des Stinthengstes.

Im allgemeinen neigten die Stallupöner nicht zu Sentimentalität und Schwermut. Dennoch packt zuweilen den einen oder anderen der Übriggebliebenen heftig das Heimweh. Dann fährt er nach Goldap, steigt auf den Berg, von dem man über die Rominter Heide nach Norden blicken kann, und versucht, etwas von dem zu finden, was ihm einmal Heimat war. Aber er sieht nichts als Wald, der am Horizont verdämmert, und weder ein Kirchdach, ein Wasserturm noch der Zipfel eines Sees enthüllt sich dem suchenden Blick, und wenn er in die Stille lauscht, vernimmt er nicht den Schrei Rominter Hirsche, die zu jagen sich einst Kaiser und Generalfeldmarschälle die Ehre gaben. Alles liegt verborgen hinter der großen Wand des Waldes, der in die Undurchdringlichkeit der neuen Grenze einbezogen ist. Auch Glasnost und Perestroika haben hier bisher keinen Wandel geschaffen.

So kehrt der Stallupöner enttäuscht um, voll von Neid auf jene, denen das traurige Weltgeschehen zwar auch den einstigen Lebensraum nahm, aber dennoch als bescheidenen Trost die Möglichkeit eröffnete, besuchsweise heimzukehren. Was ihm bleibt, sind nur Bilder, die Flucht und Vertreibung überlebten, ein paar Freunde und Bekannte, deren Zahl immer kleiner wird, und seine Erinnerungen an das Land, das mehr und mehr in die Nacht des Vergessens sinkt.

Wenn die hier aufgezeichneten Geschichten das Verblassen der Erinnerung an Stallupönen ein wenig verzögern, haben sie ihren Zweck erfüllt.

Inhaltsverzeichnis

Ostpreußen im HUSUM TASCHEN BUCH

 **HUSUM** **HUSUM DRUCK-**
UND VERLAGSGESELLSCHAFT
Postfach 1480 · 2250 Husum

Regionalia im HUSUM TASCHENBUCH

Anekdoten aus Baden-Württemberg · aus Bayern · aus Berlin · aus Hamburg · aus Hessen · aus Niedersachsen · aus Ostpreußen · aus Schleswig-Holstein 1 · aus Schleswig-Holstein 2 · aus Westfalen · vom Militär — **Entdecken und erleben (Reiseführer):** Niedersachsens Kunst · Schleswig-Holsteins Geschichte · Schleswig-Holsteins Kunst · Schleswig-Holsteins Literatur — Berlin im **Gedicht** — **Kalendergeschichten** aus Niedersachsen — Schlesische **Kinderreime** — **Kinder- und Jugendspiele** aus Schleswig-Holstein 1 · aus Schleswig-Holstein 2 · aus Westfalen — **Kindheitserinnerungen** aus Hamburg · aus Ostpreußen · aus Pommern · aus Schlesien · aus Schleswig-Holstein · aus Westfalen — **Komponisten** aus Schleswig-Holstein — **Legenden** der kanadischen Indianer — **Lügengeschichten** aus Schleswig-Holstein — **Märchen** aus Baden-Württemberg · aus Niedersachsen · aus Schleswig-Holstein · aus Westfalen — **Aus dem Sagenschatz** der Brandenburger und Schlesier · der Hessen · der Niedersachsen und Westfalen · der Ostpreußen und Pommern · der Sachsen · der Schleswig-Holsteiner und Mecklenburger · der Schwaben · der Thüringer — **Volkssagen** aus Niedersachsen — **Sagen** aus Baden-Württemberg · aus Hamburg · aus Schlesien · aus Schleswig-Holstein · aus Südtirol · aus Westfalen — **Schulerinnerungen** aus Hamburg · aus Niedersachsen · aus Schleswig-Holstein — **Schwänke** aus Bayern · aus Franken · aus Niedersachsen · aus Schwaben · aus Schleswig-Holstein — **Sprichwörter** aus Hessen · **Sprichwörter und Redensarten** aus Mecklenburg · aus Schleswig-Holstein — **Plattdeutsche Sprichwörter** aus Niedersachsen — **Weihnachtsgeschichten** aus Baden · aus Bayern · aus Berlin · aus Brandenburg · aus Bremen · aus Franken · aus Hamburg · aus Hessen · aus Köln · aus Mecklenburg · aus München · vom Niederrhein · aus Niedersachsen · aus Oberschlesien · aus Ostpreußen · aus Pommern · aus dem Rheinland und der Pfalz · aus Schlesien · aus Schleswig-Holstein 1 · aus Schleswig-Holstein 2 · aus Schwaben · aus dem Sudetenland · aus Westfalen · aus Württemberg — **Witze** aus Hamburg · aus Mecklenburg · aus Ostpreußen · aus Pommern · aus Sachsen · aus Schleswig-Holstein

 **HUSUM** HUSUM DRUCK- UND VERLAGSGESELLSCHAFT Postfach 1480 · 2250 Husum